穿行诗与思的边界

Philosophie
des Zen-Buddhismus

Byung-Chul Han

禅宗哲学

[德]韩炳哲 著
陈曦 译 毛竹 校

中信出版集团|北京

图书在版编目（CIP）数据

禅宗哲学 /（德）韩炳哲著；陈曦译 . -- 北京：中信出版社，2023.8
书名原文：Philosophie des Zen-Buddhismus
ISBN 978-7-5217-5843-6

Ⅰ. ①禅… Ⅱ. ①韩… ②陈… Ⅲ. ①禅宗－佛教哲学－研究 Ⅳ. ① B946.5

中国国家版本馆 CIP 数据核字（2023）第 115451 号

Philosophie des Zen-Buddhismus by Byung-Chul Han
© 2002 by Philipp Reclam jun. Verlag Gmb
Simplified Chinese translation copyright © 2023 by CITIC Press Corporation
ALL RIGHTS RESERVED
本书仅限中国大陆地区发行销售

禅宗哲学

著者：[德] 韩炳哲
译者：陈　曦
校者：毛　竹
出版发行：中信出版集团股份有限公司
（北京市朝阳区东三环北路 27 号嘉铭中心　邮编　100020）
承印者：嘉业印刷（天津）有限公司

开本：787mm×1092mm　1/32　　印张：5
插页：4　　　　　　　　　　　　字数：87 千字
版次：2023 年 8 月第 1 版　　　　印次：2023 年 8 月第 1 次印刷
京权图字：01-2023-0941　　　　　书号：ISBN 978-7-5217-5843-6
定价：68.00 元

版权所有·侵权必究
如有印刷、装订问题，本公司负责调换。
服务热线：400-600-8099
投稿邮箱：author@citicpub.com

目 录

前 言　　*1*

无神的宗教　　*3*

空　　*33*

无 人　　*51*

无 住　　*71*

死　　*85*

友 善　　*103*

注 释　　*123*

附录一　人物、文献词典　　*139*

附录二　韩炳哲著作年谱　　*148*

蘆花風起浪翻
高少室岩前玄
路迷却外了花
開五葉聊眼皿
好獎藤條
比丘光敏軒贊

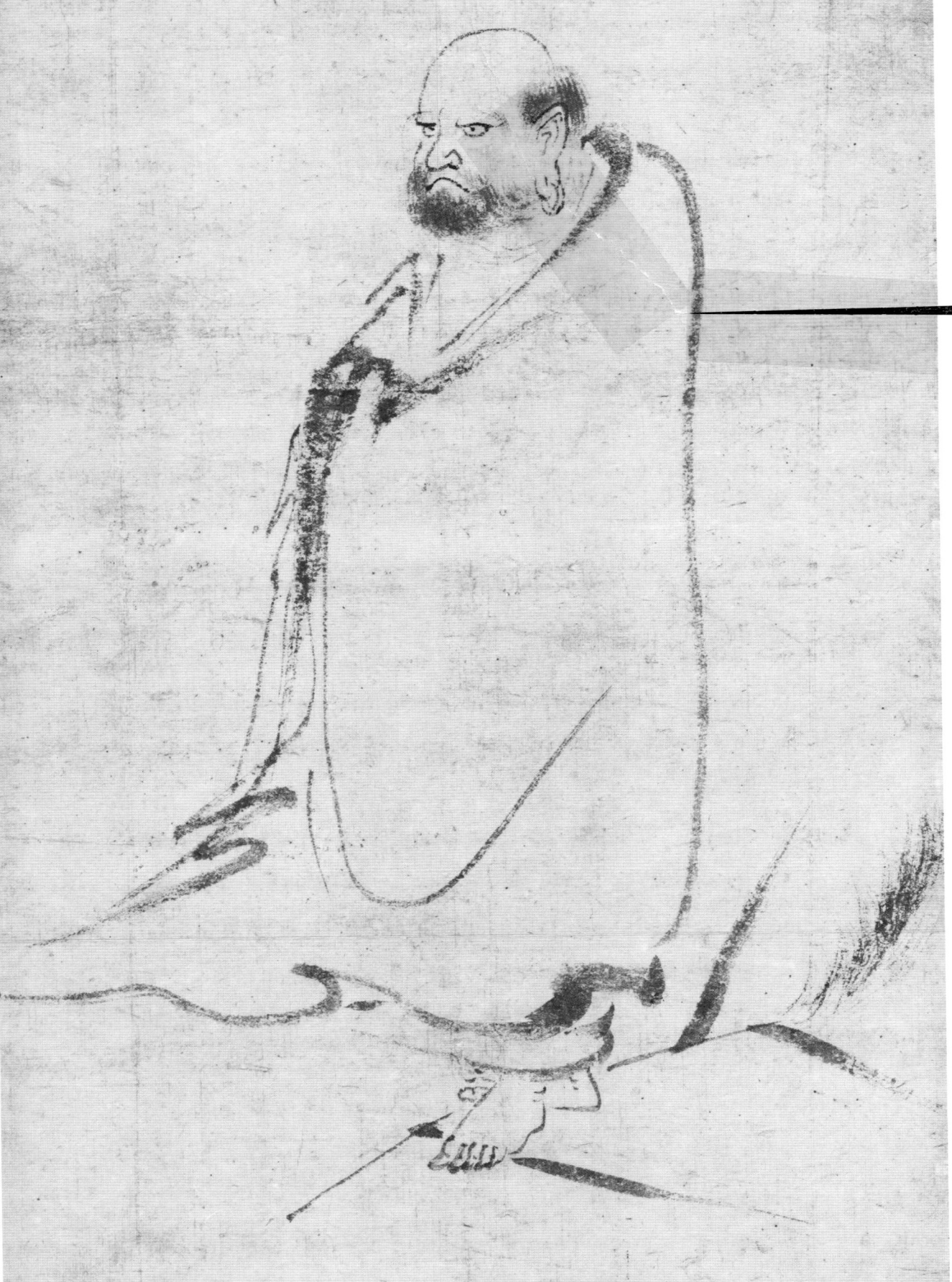

前 言
Vorwort

禅宗重冥思（Meditation），为大乘佛教[1]流传于中国的一支宗派。神妙传奇的初祖菩提达摩[2]以"教外别传，不立文字；直指人心，见性成佛"[3]揭出禅宗的特质。禅宗对语言的怀疑，尤其对概念性思维的不信任，使其用词神秘而凝练。无言中折射着言说。禅宗往往诉诸非同寻常的交流方式。禅师接待来学之人时，对其所问常不用言语答复，而以棒击之[4]，以口喝之。

尽管禅宗对理论和言语抱有拒斥的基本态度，但这并不意味着关于禅宗哲学的讨论势必陷入由俳句编织的、含混矛盾的叙事之网，因为哲学思辨亦有可能针对狭义上不属于哲学范畴的对象。文字或可描述禅之静谧，禅之静谧却无须囿于文字。本书得益于对禅宗的哲思，以及由禅宗而来的哲思，通过概念将禅宗蕴含的哲学力量阐发出来。然而，这样的尝试并非全无困难。禅宗致力于表述的存在体验或意识体验，难以完全用概念式的语言表达出来。本书尝试通过特定的思想与语言策略，规避语言上棘手的问题。

本书采用比较的研究进路，让柏拉图、莱布尼茨、费希特、黑格尔、尼采和海德格尔等人的哲学，与禅宗思想的不同面向之间进行碰撞。比较研究在此成为阐发意义的路径。

行文中多有俳句[5]穿插其间。作者本意既非借俳句使抽象的事实具象化，也无意于对俳句做哲学上的思辨。俳句呼应哲思，铺垫相应文段的语境氛围，读者诸君不妨将它看作衬托画作的画框。

无神的宗教

Religion ohne Gott

> 至尊佛祖,
>
> 安然小憩,
>
> 春日正酣。
>
> ——正冈子规

黑格尔在一个有关宗教哲学的讲座中提出,宗教的对象"是且仅是神"[6],佛教也不例外。因此,黑格尔将佛教的核心概念"无"(Nichts)简单地与神等同起来:"……无与虚(Nichtsein)是最终、最高的存在。唯有无具备真正的独立性;其余一切实在(Wirklichkeit)、一切特殊存在均不具备。一切从无中产生,又回到无。无是"一"(das Eine),是一切的开端与终结。……初看上去,人将神理解为无,必是最大的怪异之处；但仔细思量便知，这一规定意味着：神全然不是规定性的存在，而是无规定的存在。他不是任何一种被赋予神的规定性，他是无限；也就是说，神是对一切特殊存在的否定。"[7]可以说，佛教在黑格尔看来是一种否定神学。"无"将神的否定性表达出来，让神摆脱了任何肯定性的规定。在对佛教的"无"做出这一不无争议的界定后，黑格尔又表达了他的不安："神，即便被理解为无，理解为本质"，"但仍然是作为一个直接的人而为人所知"。此处所指即佛祖。"一个有各种感官需求的人，被视为永远创造、维系、生成这个世界的神"，这一点"在我们看来最令人反感、愤怒和难以置信"。"绝对者"在"人直接的有限性之中"人格化了，黑格尔认为这里存在矛盾："受到敬奉的是一个人。这个人作为神，采用了个体的形象，借此享受人的顶礼膜拜。"[8]佛祖是"个体"中的"实体"，意味着"权力、统治、世界与自然万物的创造与维系"。

黑格尔在阐释佛教时，不无争议地采用了一系列存在论神学的概念，诸如实体、本质、神、权力、统治与创造。这些概念都不适用于佛教。佛教的"无"可以是任何东西，却唯独不是实体。它既非"在自身中存在"，又非"驻留、固着于自身",而是自空的(in sich leer)。它并非逃避规定,以便退回到它无限的内在中。佛教的无并不能被界定为"依据理性的关系,统治世界,让一切生成、变化"的"实体的权力"[9]。毋宁说,无指的是空无一物(nichts herrscht)。无的表现方式不是做主人,其中不能生出统治和权力。佛祖不表象任何存在,也并未在一个孤立的个体中体现无限的实体。让人难以接受的是,黑格尔将佛教的无与一种表象关系和因果关系相混淆。他的思考着眼于实体和主体,因而难以把握佛教的无。

《碧岩录》记载的一则公案想必会让黑格尔感到惊奇。僧问洞山:"如何是佛?"山云:"麻三斤。"[10]黑格尔同样会惊讶于洞山的下述言辞:"我对你们讲佛,你们便以为佛有确定的形体特征,有熠熠生辉的神圣光环。我若讲佛是瓦砾,是鹅卵石,你们便露出诧异之色。"[11]黑格尔或许会评论这则禅宗语录说:禅宗中的神不以个体的形象出现,而是无知无觉地"化"于万物。相比一般意义上的宗教,黑格尔很可能认为禅宗是一种倒退,因为较之禅宗这一"幻想"的宗教,一般意义上的宗教胜在它的神不再漫无边际地幻化,神从"混乱无序"中"回归"至"神自身和本质上的一"。对黑格尔来说，佛教是一门"存在于自身的宗教"，神凝聚在自身内部，"与他者的联系"于是被"切断了"。相反，"幻想"的宗教则缺乏这种凝聚，"一"不在其自身，而是化于万物。但在佛教中，神不再分散于不计其数的万物中："与之前的阶段相比，（佛教）从幻化出的万般形象过渡到封闭、当下、确定的阶段。"[12] 这个凝聚于自身的神在"个体的聚集"中显现，也就是通过一个被称为佛、实则是人的个体形象来显现。

黑格尔对佛教冥思的阐释也缺少佛教的精神态度。按照黑格尔的观点，人在沉浸于冥思时寻求的是"在自身内存在的静谧"。人切断所有"与他者的联系"，从而"向自身中"走去。因此，冥思是"与自身的相处"[13]，是"回到自身"[14]。黑格尔甚至称之为"汲取自身"（An-sich-selbst-Saugen）[15]。人借此达到一种"与自身同在"的内在性（Innerlichkeit），纯粹、绝对并彻底地摆脱了他者。人沉浸在"抽象思维自身"，一个对"世界的创造与维系"有所助益的"有效的实体性"。由此，"人的神圣性"就在于"人在寂灭（Vernichtung）、静默中与神，意即与无、与绝对者合一"[16]。在黑格尔看来，人在涅槃状态下"不再受重力、疾病与年岁的摆布",他"本身可以被看作神,他成了佛"。人在涅槃中达到无限与不朽,即实现了无尽的自由。黑格尔这样描述无尽的自由:"人思考着、在自由的状态里与自身同在,这里就蕴含着有关不朽的想法。如此一来,人就全然获得独立地位,他者无法搅扰他的自由。他只与自身有关,他者不能对其施加影响。这种与自身、与我的等同,这一与自身同在的存在者、真正的无限者,在这个立足点上是不朽的,也不再受制于任何变化。它本身就是不变者、仅在自身内部存在和运动者。"[17] 作为自由的无限,就存在于纯粹的内在性中,不卷入任何外在和他性(Andersheit)。在沉潜于纯粹的思考时,人全然与自身同在,只与自身相关,只触及自身。没有任何外物搅扰他那只关乎自身的冥思。黑格尔所理解的佛教以"我"的纯粹的内在性为标志。下文将述及,佛教的无恰是内在性的对立面。

根据黑格尔的观点,神在一切较为高级的宗教尤其基督教中,不仅是实体,而且是主体。正如人设想自身一般,人应将神设想为一个主体、一个人格。佛教的无在黑格尔看来缺少主体性和人格特征,如同印度的神一样不是"唯一的他"(der Eine),而是"唯一的它"(das Eine)。[18] 这个神还不是"他",不是"主人",还不具备"排他性的主体性"[19],不像犹太教的神那样具有限定的能力。人以佛的形象来弥补这一主体性的缺失。于是,"绝对者"借由一个属于经验世界的、有限的个体而获得人格,受人敬奉。但是,据黑格尔称,一个有限的人被看作神,"最令人反感、愤怒和难以置信"。在黑格尔看来,人们对绝对者的想象与一个有限的、个体的形象之间充满悖论。

黑格尔所言的悖论实则源于他对佛教的误解。他将基督教这种被认为是完美的宗教投射到佛教上,使佛教看上去有了缺陷。对基督教来说,人格形象具有建构的意义。因此,他忽视了佛教与其他宗教最显著的差别。禅师临济杀佛的要求在黑格尔看来恐怕完全不可理喻:"逢佛杀佛……始得解脱,不与物拘,透脱自在。"[20] 佛教没有"排他性的主体性"或"自觉的意志",这并非需要消除的缺陷,而是佛教特殊的优势。意志或主体性的缺席恰恰带来了佛教思想的平和。权力范畴同样不适用于佛教的无,因为它是实体或主体的形变。佛教的无否认一切实体性和主体性,它否认敞开(offenbaren)自我的权力,也不是"有作为、有成效的权力"[21],它不促成任何事物。主人的缺席也让佛教脱离了那种统治的经济学。佛教中的权力并未集中到一个"名称"（Name），从而避免了暴力。没有任何人是权力的代表。佛教的基础是一个空的中心，不排斥但也不被任何权力的载体占据。正是这种空，以及排他性的主体性的缺席，让佛教变得很友善。原教旨主义与佛教的本质相悖。

佛教中没有对神的呼请。它既不熟悉神的内在性——人的呼请沉坠其间；也不熟悉人的内在性——它需要呼请神。佛教没有"呼请欲"，也鲜有"直接的冲动"、"渴念"（Sehnsucht）和"精神的本能"（Instinkt des Geistes），诸如此类，都要求神具体地凝聚于一个"真实的人的形象"（即基督）。[22] 在神所具有的人的形象中，人看见了他自身，在神之中对自身感到愉悦。佛教则没有这种自恋式结构。

洞山禅师或许想要用"杀人刀"[23] 击打神。禅宗以最激进的方式让佛教转向内在："广袤无垠，无一神圣。"[24] 禅宗的语汇，如佛是"瓦砾与卵石""麻三斤"，同样指出了禅宗完全转向内在的精神姿态。禅宗将一种"平常心"[25] 表达出来，这种平常心使得禅宗成为一门"内在的宗教"。禅宗的无或空指向的并非神圣的"彼处"（Dort）。东亚尤其中国禅宗的特征恰恰在于向着内在、向着"此处"（Hier）

的激进转向。[26] 云门宗也像临济宗那样推行"解构神圣"（Destruktion des Heiligen），他们显然懂得，是什么维系着佛教中的平和。

> 世尊初生下，一手指天，一手指地，周行七步，目顾四方。云："天上天下，唯我独尊。"
> 云门师曰："我当时若见，一棒打杀与狗子吃却，贵图天下太平。"[27]

禅宗的世界图景既不指向上方，也不聚于中心。禅宗缺乏具有统治地位的中心，或者说，禅宗的中心无处不在，每一个存在者都构成一个中心。这个友善、不排斥任何事物的中心，将整体投射于自身中。存在者去除了自我的内在性（ent-innerlicht），无涯无际地敞开自我，面向广袤无垠的世界："一沙一世界。"[28] 大千世界便绽放于一枝梅花。

那能容于一粒沙的世界，定然去除了所有神学目的论的"意义"。它既不被神（theos）也不被人（antropos）占据。在这个意义上，它也是一个空的世界，摆脱了人与神之间的共谋。禅宗的无不给人提供任何可以把握的东西，也不提供任何坚实的基础（Grund）以让人获得安全感和信心，让人能够紧紧抓牢。世界没有基础："头上无顶，脚下无地。"[29] "苍天陡然崩塌，神圣与世俗消失得无影无踪，道路止于无为处。"[30] 让无基础之物变成一个特殊的支点和驻留，寓居在无中，将普遍的怀疑变成"是"，禅宗的精神力量也许就在这独特的转变中。禅宗的道路并不走向超验。避世亦不可能，因为没有其他世界："变生于无为中，突现一条新路，或不过是一条旧路，而后皓月悬于古寺，清风飒飒。"路汇入远古，引向深深的内在，引向"男女老少，锅碗瓢盆，猫与勺"[31]。

禅宗的冥思与笛卡尔的沉思有着巨大差别。后者以确定性为准则，通过众所周知的有关神与人的表象，让自身摆脱怀疑。道元禅师也许会建议笛卡尔在沉思之路上继续前行，推进、深化他的怀疑，直至他遇到普遍怀疑，直至他自身成为普遍怀疑的所在。至此，无论有关"我"还是有关"神"的表象都彻底碎裂了。抵达这普遍怀疑后，笛卡尔也许会欣喜地喊出"我不思，亦不在"（neque cogito neque sum）："认知无法勘测无思之境，因为在真正的'如此存在'（Sosein）中，既无'我'，也无'他'。"[32]

按照莱布尼茨的看法，每一事物的存在都有原因："如果人设定事物的存在，则需要给出它们为何如此这般存在（如其所是）而非以其他形式存在的理由。"[33] 对原因的追问必然引向最终的、被称为神的原因："事物的终极因在于必然的实体。事物独特的变化卓越地包孕在这必然的实体中，就像在事物的性质（Quelle）中一样：我们称这个实体为神。"[34] 追问为什么的思考在遭遇事物的终极因时，静了下来。禅宗寻求的是另一种静。正因扬弃了为什么的问题，不问原因，才达到了禅宗的静。一面是形而上学的神作为终极因，一面是围绕着无原因的丰富思想："红花烂漫。"[35] 禅宗的文字传达出这种独特的静："昨日今日，亦复如是，日升月落，窗外青山，静水流深。"[36]

众所周知，海德格尔的思考也舍弃了对原因的形而上学想象，对原因的追问在这一过程中平息下来。这个可以提供解释的原因，是所有存在者之存在的根源。海德格尔引用安格鲁斯·西勒修斯（Angelus Silesius，又译"西里西亚的天使"）："玫瑰无意；它盛开／因为它盛开。"[37] 海德格尔将"无原因"与"无物无原因"（Nihil est sine ratione，即根据律）对立起来。在无原因处驻留或居住，显然并非易事。难道人必须呼请神吗？海德格尔再一次引用了安格鲁斯·西勒修斯："如果一颗心如它所愿般，深处住着一个神，它就会像鲁特琴，愿意让神轻抚。"[38] 没有神，心灵就没有音乐。神不弹奏，世界就不会发出声响。世界需要神吗？禅宗的世界不仅没有为什么，也没有任何神圣的音乐。细细聆听下，俳句也无音乐性，既没有欲求，也没有呼请和渴念，似乎寡淡无味[39]，但俳句的深度正是来自它极致的寡淡。

　　潇潇冬雨，
　　鼠过琴弦。
　　——与谢芜村

在《诗人何为》（*Wozu Dichter?*）中，海德格尔写道："神的缺席意味着，神不再明显而清晰地将人和事物聚集在自己周围，并通过这种聚集，将世界历史和人在世间的驻留相结合。伴随神的缺席，对世界具有奠基性的原因也离场了。……原因是生根、站立的大地。一个缺少原因的世代，倒悬于深渊。"[40] 海德格尔的神，一定不是形而上学意义上事物的终极因和自因（*Causa sui*）。海德格尔显然离哲学家的神越来越远:"作为自因的原因,这就是神在哲学中的恰当名称。在这样一个神的面前,人既不能祈祷,也不能祭祀。面对自因,人既无法敬畏地跪下,又无法在这样一个神的面前奏乐、舞蹈。"[41] 不过,海德格尔对神十分恭顺,就这一点而言,人们不能轻易认为海德格尔的思想接近禅宗的思想。禅宗里不存在这样一个神圣的,人可以向他"祈祷"、"舞蹈"、"演奏"或"顶礼膜拜"的对象。对禅宗来说,"平常心"的自由更多在于不跪下。稳坐如山才是禅宗的精神姿态。

海德格尔在他的讲演《人,诗意地栖居》(*dichterisch wohnet der Mensch*)中写道:"在天空中、天底下和大地上生辉、开花、作响、吐露芬芳、升起并到来的一切,亦远去、坠落、幽怨、沉默、苍白、晦暗。……陌生者顺应着人司空见惯的环境,好让自己以陌生者的身份隐匿其间。""陌生的神就是这样作为陌生者,在天空的敞开状态中显现自身。神的显现是人借以衡量自身的尺度。"[42] 禅宗并不严格地区分熟悉与陌生、显现者与隐匿者。天地间生辉、开花、作响、吐露芬芳、升起、到来、远去、坠落、幽怨、沉默、苍白和晦暗的一切,都堪为典范。人不会去找寻现象背后的隐匿之物。秘密即敞开。没有任何更高的存在层面横亘于显现和现象（Phänomenalität）之上。那"无"和显现自身的万物，一同寓居于更高的存在层面。世界在一枝梅花中圆融自在。除天与地、梅与月的敞开外，除在自己的光辉中显现自身的万物外，世上空无一物。一僧问禅师："世间有法度乎？"禅师或许会答道："瓦砾与卵石。"俳句亦在万物中显现整全的世界。天地间万物敞开，世界显现无遗。无一物隐匿，无一物退避到陌生之中。

海德格尔对物的思考也源于世界。在他看来，物的本质在于使世界敞开。天与地、神圣者与有死者在自身中凝结，互相映照。物即世界。但在海德格尔这里，并非所有的物都能让世界得以敞开。他的神学倾向以及他对神[43]的遵从，使他在物的问题上带有选择性。神限制了海德格尔的世界。海德格尔不会将"害虫"（Ungeziefer，字面意思为"不适合向神献祭的动物"）纳入其物的集合。[44] 他的物世界中动物仅有牛和鹿。相反，无数不适合做祭品的昆虫与动物充斥于俳句中，这让俳句的世界变得比海德格尔的世界更完满、更友善，因为它不仅摆脱了神，也摆脱了人。

一人，

一蝇，

在屋中。

——小林一茶

跳蚤虱子随处见，

头枕处马儿小溺。

——松尾芭蕉

叔本华在《作为意志与表象的世界》中写道："倘若不考虑形式……只看事物的根本，则会发现，释迦牟尼与埃克哈特大师（Meister Eckhardt）教导的是同样的内容。"诚然，埃克哈特神秘主义中的若干概念，如"泰然任之"（Gelassenheit）、"无"，近似禅宗的概念。但仔细探究后，又不难确定神秘主义与佛教间的根本差异。人们往往将禅宗与埃克哈特的神秘主义联系在一起。然而从根本上讲，神秘主义所基于的对神的想象，在禅宗看来十分陌生，因为神秘主义以超验为导向。超验具有否定性质，剥夺了肯定的谓词（Prädikat），将自身稀释为无，但在谓词的世界之外，超验浓缩成一个超常的实体。与神秘主义的无相反，禅宗的无是一个内在的现象。

埃克哈特的神还产生了自恋的内在生命。"当神造人时"，埃克哈特写道，"他的灵魂想完成一件与他相同的作品。""造"（machen）在制造者和受造物之间建立了一种内在的同一性（Identität）。"无论我造什么……我都凭借自身、与自身一道、在自身中进行，并将我的观念（Bild）完全烙印上去。"受造物是我的观念。我在我的受造物中看见自身。神与其造物的关系便具有这种反思结构："神爱自身，爱自然，爱存在，爱其神性。（但）在神对他（自身）的爱中，他（也）爱一切造物。……神品味自身。在神品味自身的味觉中，他品尝着所有造物。"[45] 与神融会的、"灵魂中的东西"，"正是按照神的方式享受自我的东西"[46]。自我—享受、自我—品尝、自—爱，统统是自恋的内在性的表现形式。这种神圣的自我爱欲（Autoerotik）形象地展示了埃克哈特的神秘主义与禅宗之间的差别。对埃克哈特来说，神的语句"我是我所是"（Ich bin, der ich bin）是"朝向自身、关于自身的强势转向，是在自身内寻得安宁，站稳脚跟"。这种"转向自身的存在"和对神的反思结构，与禅宗的无有着本质的区别。禅宗的无不会聚集、浓缩成"我"。禅修的心不具备主观的内在性，也就不会有自我—品尝、自我—享受，这些只能在主观的内在性里发生。禅宗的无完全去除了自我和内在性。

行动主义决定着埃克哈特的神的内在生命。它表现为一种"自我分娩，内中灼烧，于其内、其上流溢沸腾；它是一束光，在光之内，并与整个自我一道彻底穿透光，与整个自我一道在上方肆意奔流"。神圣生命是"'涌出'，它自中心膨胀，充盈全身并沸腾着喷薄而出"[47]。埃克哈特德文布道书与论说文的编者奎因特（J. Quint）在引言中提到："这无所欲、无所有、精神贫瘠而无所知的空容器，似乎只配呆立在无限的静谧荒漠中，兀自寥落无为。不。这空容器为埃克哈特的神秘主义烙上了不可磨灭的烙印，这是西方的世俗情感的烙印，也是无限的生成（Werden）与行动欲求的烙印。对埃克哈特来说，人只能将主神中的永恒安宁，思考和表象为永恒的欲求和生成。无限、神圣的理性存在的静谧荒漠对埃克哈特充满活力的思想来说，是一个用无穷无尽的能量填满的发生（Geschehen）。……在埃克哈特心中，它堪比一条熔化的铜水流淌而成的河，沸腾着与自身一道穿透自身，尔后倾泻成受造的存在。"[48]奥托（R. Otto）也指出，埃克哈特的神具有不知疲倦的"动力"（Dynamik），它属于"一种可怖的内在运动、一种奔流不息的生命的永恒过程"："埃克哈特精神的内核是自因。这里的自因并非排除一切外来原因的狭义的原因，而是极具肯定意义的、不断生成自我的原因。"[49]这样的不知疲倦不属于禅宗的无。那种以"无限的生成与行动欲求"为主调的"西方的世俗情感"，亦非禅宗的世俗情感。禅宗的修行恰恰是要让人摆脱"永恒的欲求"。禅宗的无既不在中心膨胀，也不倾泻、沸腾；既没有自我的完满，也没有一旦丰沛就向外流溢的完满内在性。在这个意义上，禅宗的无也即空。

埃克哈特在神与神性之间做了鲜明的区分。神性似乎比神、比神的"创造的业功"（wirkendes Werk）及创造的行动（Machen-schaft）更古老。神"创造"。相反，神性"不创造，神性中没有业功"[50]。也就是说，神性栖息于实在（Wirk-lichkeit）的一边。人们一再要求，要像神在自身中，即在神性中那样认识神。所有谓词、所有特征都是遮蔽神的"自在存在"（An-sich-Sein）的外衣。人应当在"更澄明纯净的实体"中认识神，神"在澄明纯净的实体中把握自身":"善与正义是包裹神的衣袍,因此你们要将神与包裹神的衣袍区分开来,只在衣柜(kleithûs)里寻找纯粹的神。衣柜里的神在自身中,他被揭开,将自身裸露。"[51] 神甚至必须脱离人格:"……因你爱神,爱他作为'神'、'精神'、'人格'和'观念'——这些统统要抛掉!……你应当爱那作为非神、非精神、非人格、非观念的神;你还应当爱那澄明、纯净、清晰、脱离了一切二元对立(Zweiheit)的'一'。我们应当在这'一'里永恒沉降,从有变作无。"[52] 神是无,他"超出一切人所能言说的范围"[53]。每一个观念都"阻碍""你认识一个完整的神"。观念走进灵魂时,"神和他完整的神性就要退避"[54]。观念走出灵魂时,神才出现。每种关于神的表象(Vorstellung)都是想象(Einbild-ung),否定观念对"澄明纯净的实体"有益。由观念构成的灵魂景观应当被废弃。唯解构才能"在神的寂寥和自因中把握神"[55]。相反,任何试图接近神的想象,都会将神从灵魂中驱赶出去:"人能成就的最高、最极致的事,就是按照神的意愿,让神是其所是。"[56] 唯在这种"泰然任之"中,神方能像在"自身中"一样显现自己。也许人需要杀死想象的神,才能让神在他自身之中:"因此我祈求神,让我与神之间两清，因我本质的存在在他之上——倘若我们把神理解为造物的源头。"[57] 与神撇清关系，让神按其意志存在，埃克哈特的这些表述想必让人想起临济宗的"见佛杀佛"。但杀不是为了超验——超验闪耀在被杀的观念彼岸或上方，而是为了让内在得以显现。

根据埃克哈特的观点，任何对神的刻意寻求都缺失神性。灵魂若以意志为根本特征，就须被摧毁。唯在"灵魂深处"——灵魂的自我死去之处，才是神的所在。"泰然任之"不过就是灵魂被摧毁。死亡意味着没有求知欲、占有欲，在贫瘠中生活，单纯地在场，不让自我堕入求知或占有："人就应当清净、独立地站立着，既不知，也不求知，让神在他体内发挥效力，这样人便可拥有贫瘠。……倘若人想拥有精神的贫瘠，则须在方方面面的知识中保持贫瘠，以至于对神、受造物和他自身一无所知。"[58] 泰然任之即无欲（Nicht-wollen）。人甚至不能欲求无欲。泰然任之并非要让意志的维度变得超验，因为人为了神的意志——"最可爱的意志"之故，放弃了自己的意志。尽管人不能主动以自己的意志去遵从神的意志，但人的意志在神之中被扬弃。在作为意志的原因中，人的意志被扬弃，并在这个意义上被摧毁。相反，禅宗的无本身就舍弃了意志的维度。

埃克哈特严格遵循本质与偶性（mitewesen）[59]之间的形而上学区分。人应面对一个没有"衣袍"、以"澄明纯净的实体"出现的神。禅宗的无却是实体的对立面，不仅脱离了"衣袍"，还脱离了它的"载体"。它即是空，"衣袍"里是"无人"（Niemand，又译"无此人"）的踪影。空并非赤裸。尽管禅宗的言说似乎只能通过无言而散发光辉，但禅宗的沉默却并非为了一个在可言说之物上方的、不可言说的本质。光辉并非降自上方，而更多属于显现的事物，是内在的光辉。

欲求的深层与神完全融为一体，带有自恋的结构特征。人通过神秘合一（Unio mystica）的体验，在神之中愉悦自我。他在神之中看见自我，又仿佛凭借神哺育自我。禅宗则摆脱了一切自恋的自我关联。没有任何一物能让我与其融合，也不存在我将自身投射其中的、神圣的对象。没有一个神能将自我返还。有关自我的经济学无法为清空的心注入精神。禅宗的空恰恰否定了任何自恋的、向自我的返还，它拒绝自我的反照。在埃克哈特这里，灵魂虽被摧毁，但并未像禅宗那样完全死去。

顿悟（Satori）指的并非"狂喜"（Entrückung），并非不同寻常的、自我愉悦的"绽出自我"（ekstatisch）状态，而更多是对寻常之物的开悟。人并非觉醒于超越的彼处，而是觉醒于古老的此处，觉醒于深刻的内在。平常心寓居的空间，既非埃克哈特神圣的荒漠，亦非超验的世界，而是多彩的世界。禅宗的精神充满对此处的古老信赖，充满源初的对世界的信赖。这种既无行动主义又无英雄主义的精神姿态，或许是所有东亚思想的特质。禅宗因其对世界的信赖，成为一种特殊意义上的世界—宗教，既不避世，也不否定世界。禅宗的"无圣"（Nichts Heiliges）否认了一切超越的、大地之外的所在，向着日常的此处回溯：

> 少女酣睡屋檐下，
> 三叶草花伴月眠。
> ——松尾芭蕉

禅宗的空或无并非荒漠。《十牛图》（*Der Ochs und sein Hirte*）指明的道路也同样不是引向神圣的荒漠景观。第九图中有一花树。禅宗居于显现的世界中。禅宗的思想不在"单一理念"（monoeides）、不变的超验中凌空翱翔，而是驻留于丰富的内在（Immanenz）。赞歌曰："水自茫茫花自红。"[1][60]《十牛图》最后一幅呈现的是修行的最高境界：一位慈祥的老者步入集市，意即步入日常的世界。这条通向寻常世界的不寻常之路，可以被理解为通向内在的路。

> 露胸跣足入尘来，
> 抹土涂灰笑满腮。
> 不用神仙真秘诀，
> 直教枯木放花开。[2]

"狂笑"是自由状态的极致表现，表明思想解脱了绑缚："据传，岳山禅师夜登高山，望月狂笑，六十里外亦闻其声。"[61] 岳山笑掉了所有欲望、寻求、执着、呆板与僵化，让自己置身于无拘无束的敞开状态，没有边界，亦没有障碍。他笑空了自己的心。狂笑从无界、清空、去除内在的（ent-innerlicht）精神中涌出。

1　译文引自南宋廓庵思远《十牛图颂并序第九·返本还源》。（本书脚注均为译者注）
2　译文引自南宋廓庵思远《十牛图颂并序第十·入鄽垂手》。

对尼采来说，笑显然也是表达自由的方式。他用笑让自己获得自由，用笑击碎所有桎梏。查拉图斯特拉就是这样将上帝笑走："撕碎人里的上帝，就像撕碎人里的羊，撕碎的同时大笑——这，这就是你的福！"查拉图斯特拉对"更高的人"讲："你们当学习笑着越过自身！托起你们的心，你们这些优秀的舞者，高！再高！同时别忘了给我好好地笑！笑者的皇冠、这玫瑰花环的皇冠：我把皇冠抛给你们，我的弟兄！我称这笑为神圣；你们更高的人，给我学——笑！"英雄主义和行动主义为尼采的笑赋予了戏剧性。但岳山的狂笑既没有英雄主义色彩，也没有胜利者的姿态。岳山听罢尼采的笑，也许会再次爆发一阵狂笑。他将会劝查拉图斯特拉把笑本身笑掉，并且笑回日常，笑回习惯；他将建议查拉图斯特拉说，他的舞者首先要做的不是向高处飞升，而是跳上他们所站立的大地；查氏要做的也不仅仅是笑掉神，还要笑掉人，超人也应笑掉自身，获得自由，变成"无人"。

水仙叶弯腰，
始知初雪重。
——松尾芭蕉

中国禅宗大师临济一再要求僧徒,寄居此处,寄居此刻。他的座右铭是:"饥来吃饭,睡来合眼;愚人笑我,智乃知焉。"[62]长庆大安30年来所做无他,唯食米。[63]人问:"何言最紧迫?"云门大师答曰:"吃!"[64]还有什么语词能比"吃"包含更多的内在性?"吃"的深层含义就是深刻的内在性。

    观风,
    食米,
    此吾也。
        ——松尾芭蕉

《正法眼藏》亦有云:"莫羡佛祖与先贤,饮茶食米犹凡人。"[65]

    僧问禅师赵州:"学人乍入丛林,乞师指示。"师曰:"吃粥了也未?"曰:"吃粥了也。"师曰:"洗钵盂去。"云门法师评:"是指示乎?非指示乎?汝若言是,赵州何所授?汝若言非,缘何僧忽然省悟?"[66]

《碧岩录》第74则也体现了禅宗的平常心：金牛和尚每至斋时，自将饭桶于僧堂前作舞，呵呵大笑云："菩萨子吃饭来。"[67]

饥来食米，困来即眠，当然不是教人屈从于感官的需求和倾向。满足需求无须精神上的努力。[68]相反，困倦，将自我一饮而尽，不知自我是饮者还是茶——到达这种状态前，人需要漫长的修炼："全然忘掉自我、失去自我：饮者与饮品合一，饮品与饮者合一，这是无与伦比的境地。"[69]饮茶时须手握茶具。双手捧杯，浑然一体，即便放下，手掌亦留有杯印，饮茶须达此特殊的精神境界。[70]同样，在米未食人之前，人须食米。或者人在食米之前，须先杀米："我若空，万物皆空，无论是何性质。……汝所言餐食为何物？何处尚寻得一粒米？"[71]

云门问僧："何所从来？"答曰："采茶来。"师："人采茶耶？茶采人耶？"僧无言以对。云门即曰："师已尽道！吾何所增补？"[72]

道元禅师的《天造恭坤》(*Tenzo Kyokun*，又译《厨师指遵》)事无巨细地记载了禅寺庖厨的日常工作，又一次印证了深入、沉浸于日常的禅宗精神。这里涉及一种与海德格尔现象学的日常截然不同的、独特的日常（Alltäglichkeit）。贯穿海德格尔生存论分析的英雄主义，在此日常里只看到"千篇一律，习惯，昨日、今日、明日亦复如是的东西"："日常指的是'怎样'，此在（人在本体论意义上的名称）据此进入时日，无论是完全驻留于其中，还是以共存的方式预先规定下来。习惯带给人的舒适也属于这种'怎样'，尽管习惯也会强迫人接受怠惰和令人反感的东西。被日常的烦忧包围的明天，是永恒的昨天。"[73] 日常是"漠不关心的苍白的不和谐音（Ungestimmtheit），不固着于任何事物，不寻求任何事物，把自己交付给时日带来的东西"。日常的、非本真的存在是"活过去，让一切保持它所是的样子"[74]。海德格尔将日常、习惯、通常所获得的那种此在称为"常人"（Man）。常人即非本真的存在。自我遗忘和自我迷失（selbstvergessene Verlorenheit）决定着他的存在方式。[75] 然而本真的存在源自人以英雄般的决断去把握自我。英雄般地放大了的自我，让此在从自我遗忘和自我迷失的日常状态中摆脱出来，走向本真的存在。这就与平常心的存在方式形成了对比，后者也许可以被称为本真的日常状态，或无我的本真状态。深刻的日常状态在禅宗的一句话里体现出来："一切如旧。昨食三碗米，今食五碗粥。"[76] 倘若用禅宗顿悟的箴言来翻译海德格尔的术语，会是"人吃"（Man ißt）。不过，这里的"人"是平常心的载体，摆脱了自我的放大，也摆脱了所有行动主义和英雄主义。

那作为时间的"巅峰"、作为"决断的时刻"，以英勇而强大的自我打破了日常时间"禁咒"的"瞬间"，对禅宗的日常时间——无烦（sorgenlos）的时间来说十分陌生："存在……向着自我的自我决断，就是瞬间。"[77] 禅宗的日常时间是没有瞬间的时间，或者说，它由日常的瞬间构成。时间的成立无须凭借对瞬间的放大。时间成立于人每每在习惯中驻留之时。

"何为真知之内核？"

师答："米粥之香！"[78]

顿悟是向着日常的觉醒。所有对彼处的寻觅都走向了歧路。唯有向寻常的此处一跃，才能成功。"索鞭人牛尽属空。"[79] 人的目光不应向他处游移，而应深入内在："返本还源已费功，争如直下若盲聋？"[80]《无门关》第 19 则公案记载：

> 南泉因赵州问："如何是道？"泉云："平常心是道。"州云："还可趣向否？"泉云："拟向即乖。"[81]

心应无所求，亦不求佛。寻求恰恰偏离了道。临济杀佛的要求，所指的正是平常心。人要打扫内心，摆脱圣贤的羁绊。无心行走本身即是道。在无目的中，在无烦（ohne Sorge）的独特时间中，时日得以成立。

> 一日师曰："夏日坐禅已十一日。汝等得其门而入乎？"听众沉默。云门忽答："明日乃第十二日。"[82]

"日日是好日"[83]，且须是在人觉悟到平常心之时。好日就是栖息于自身的、深刻的常日（All-tag）。人要做的就是在寻常的重复中，看到不寻常之古老。觉悟融入于特殊的重复。重复的时间作为无烦的时间，带来了"好时节"。

《无门关》第 19 则颂曰：

> 春有百花秋有月，
> 夏有凉风冬有雪。
> 若无闲事挂心头，
> 便是人间好时节。[84]

寻牛　　　　　　见迹

见牛　　　　　　得牛

牧牛　　　　　　骑牛归家

忘牛存人　　　　人牛俱忘

返本还源　　　　入廛垂手

南宋·廓庵思远《十牛图》

空
Leere

海面变暗,
野鸭的叫声
像泛着白光。

——松尾芭蕉

实体(Substanz;拉丁语 *substantia*,希腊语 hypostasis,hypo keimenon,ousia)无疑是西方思想最基本的概念之一。按照亚里士多德的观点,实体指的是一切变化中恒存的部分,它对存在者的单一与自一性(Einheit und Selbigkeit)具有建构作用。*substantia* 源于动词 *substare*(原意为"在底下"),后者也有"承受"之意,人们同样在"保持、维持、承受"的意义上使用动词 *stare*。持存和坚持属于实体一词的内涵。实体是与自身同一的、不可分裂的、区别于他者并由此维持其个别性的存在。hypostasis 除"基质""本质"外，也有"承受""恒存"的意思。实体似乎坚实地立足于自身，具有寻求自我、寻求自我占有的特征。在通常的语用层面上，ousia 一词很典型地表达出"能力、占有、财富、在场"或"地产"等含义。希腊语的 stasis 指的也不仅仅是"站立"，还有"起义、暴动、分裂、争执、纠纷、敌意"和"党派"等含义。太多的语词堆砌在实体这一不太友善的概念门前，预演了概念本身。实体建立在分离、区别的基础上，彼此有别，又各各自足。因此，实体并非建基于敞开，而是建基于闭合。

佛教的核心概念"空"（sûnyatâ），从很多方面来看都是实体的对立概念。实体可谓"满"，被自身、被属我的东西填满。相反，空是一个脱离属我的过程。它清空了驻留在自身内、自我僵滞、自我闭锁的存在者。空沉浸于敞开状态，沉浸于空境（Feld der Leere）。在空境中，无物能聚合成强大的在场，无物只立足于自身。空以一种去边界化的、脱离属我的方式，在彼此交互的影响中扬弃了单子式的"为我"。然而，空不是生成原则，不是所有存在者、所有有形者最初的原因。空不具有那种可以带来"效果"的"实体性的权力",也没有任何本体论意义上的突破可以将其抬升到更高的存在秩序。空不是超验,后者往往预先规定了事物显现的方式。这样一来,形式与空就处在了同一存在层面。任何存在的差异都无法将空与显现之物的内在性分离。正如我们经常强调的,超验或全然他者不是东亚的存在模式。

牧溪受禅宗启发创作的《潇湘八景图》,也是"空"之图景,笔墨简淡含蓄,一片空无,意境幽玄,寥寥数景隐没于无限疏阔的余白中,谨慎的笔法让物象浮动在实与虚、黑与白之间,不道尽其中意蕴。物象相融相依,彼此映照,而非驱离、分割彼此。空仿佛成了友善的中介。水住,山流,天地合。空寂并未将画中景物埋没,而是反衬出它们的优雅。过于扰攘的景物排布,反而失去了优雅。

> 月夜,
> 布谷声
> 洒落修竹。
> ——松尾芭蕉

道元在《山水经》中描绘了"青山常运步"的、属空的独特风景："青山运步不得也，东山水上行不得，莫谤山。以是低下之见处疑怪故，疑怪青山运步之句也；以是少闻拙见故。"[85]"山流"（fließende Berge）在此并非比喻。道元或许会说，山真的会流动。山流的表述仅仅在山有别于水的实体层面上，具有比喻的性质。在山水相映成趣的空境，意即在无分别（In-Differenz）的层面，山真的会流动。山并非像水那样流，而是山即水，实体模式下山与水的差异得以取消。比喻的说法只不过把水的性质迁移到山上，而山本来不流动，只是看似在运动中。因此，比喻的说法并非本真（uneigentlich）。然而道元的说法既非本真，又非非本真，它舍弃了实体的存在层面——只有在这个层面上，区分本真和非本真的说法才有意义。

在空的层面上，山并非作为实体静止在自身之中，而是流入水中。一幅流淌的风景随之展开："诸山则乘云，走天。诸水之顶巅者，诸山也；向上、直下之行步，共为水之上也。诸山之脚尖，能行步诸水，令诸水钩出故，运步则七纵八横……"[86]破除界限的空取消了一切僵滞的对立："水者，非强弱，非干湿，非动静，非冷暖，非有无，非迷悟。"[87]

视觉中的界限也被取消,人们寻求一种发生在主客体分离之前的"观看"。任何主体都不应将自身强加于物。人要以物观看自身的方式来观看物。为避免被主体占据,我们有必要在一定程度上倾向于客体。空净化了观看者的心灵,使其接近被观看者。人尝试一种客体般的、变成客体的、顺应存在的、友善的看。人要用以水观水的方式,来观看水。[88] 观者似水,方能达至完满的观,即在水的如此存在中观水。

空是一种友善的无分别,观看者于其中亦即被观看者:"驴望井,井望驴;鸟观花,花观鸟。万物'相聚于觉悟'。一种本质(Wesen)寓于所有在场者,所有在场者显现于这一种本质。"[89] 鸟亦即花,花亦即鸟。空是敞开,让彼此的渗透成为可能。空营造了友善。单个存在者在自身中映照整体,整体寓居在单个存在者中。没有任何事物退回到"为我"中去。

万物流逝。事物彼此渗透交融,于是水无处不在:"谓水有不到之处者,即小乘声闻之教也,或外道之邪教也。水者,亦到火焰里,亦到心念思量分别里,亦到觉智佛性里也。"[90] 自然与精神的界限被扬弃。在道元眼中,水就是智者的身体和精神。对隐居深山的智者来说,山就是其身体和精神:"切莫忘记,智者似山,山似智者。"[91] 隐居深山的智者有了山的身形和面孔,这是一种修行。

单纯将山变成水,是一种"魔法"(Magie)。魔法将一种实体转变为另一种实体,但并未超越实体的层面。道元的"山流"却不是通过魔法改变事物的本质,而更多是从平常的视角理解空,事物在其中彼此交融:"在真正的真理(echte Wahrheit)中,既没有魔法,也没有秘密和奇迹。诸如此类的想法都是歧途。但禅宗里也有各式各样的'戏法',比如让水壶里升起一座富士山,从烧红的火钳里挤出水,坐在木头柱子里,或让两座山互换位置。但这不是魔法,不是奇迹,而是再平凡不过的小事。"[92]

一株梅树蕴含着春冬、风雨。梅树是僧人的额头,隐匿于自身的芳香里。空境不受任何同一性的压力:"老梅树飘逸洒脱,忽而开花,自在结果,时而是春,时而是冬;时呼疾风,时引骤雨;时而是一个普通僧人的前额,时而是永恒佛陀的眼睛;时而与草木同现,时而只是一团纯净的香气。"[93] 这不是诗意的言语,而是诗意的存在状态,同一性的限制在此松动,进入一种特殊的无分别状态,此时就连言语本身似乎也在流动。流动的言语回应着属空的、流动的风景。在空境里，事物摆脱了同一性加诸它们的孤立小室，融进普遍的合一，融进彼此渗透的自由与不羁中。无所不在的雪白让事物潜入无分别状态。白色究竟属于花，还是花上的雪，殊难辨识："雪覆芦花，难分朕迹。"[94]从某个角度看，空境没有边界，内外彼此渗透："眼里也是雪，耳里也是雪，正住在一色（即空）边。"[95]

空的"一色"虽杀死了固着自身的颜色，但这死亡同时又是赋予生机的死亡，让颜色获得了广度、深度和静谧。"一色"不同于无分别、无色、单调的同一。或者说，白与空是颜色与形式的深层或不可见的呼吸空间。尽管空隐没了颜色，让颜色缺席，但缺席更凸显了颜色的存在。过于密集的显现，满眼尽是颜色，则会令人窒息。事物在空境中相互融合，其形态非但不错杂凌乱，反而得到了维护。空即形式："云门法师曰：'真空无相。'"[96]空只不过阻止了单个事物拘执于自我，缓和了实体的僵滞。存在者流入彼此，但不融合成一个实体意义上的"一"。《正法眼藏》中有这样一段描述："开悟之人犹水中月：水不沾月，月不扰水；无边月华收摄于一泓清水，草尖微露吐纳整个天月。月不穿水而过，悟不穿万象而过；露珠不扰天月，森罗万象于开悟亦无所扰。"[97] 空不意味着对个体的否定。以觉悟的眼光来看，每个存在者都有其独特性。无物主宰。月与水友善相与。存在者寓居于彼此之中，互不排斥，互不阻碍。

> 最深的牵牛花冠，
>
> 呼吸山湖的颜色。
>
> ——与谢芜村

禅宗的空或无不是对存在者的简单否定，也不是虚无主义或怀疑主义的措辞，而更多是对存在相当程度的肯定。它否定的只有实体带来的限定（Abgrenzung），而限定为双方都带来了紧张感。空的敞开和友善也表明，每个存在者不仅在世界"里"，而且在根本上就是世界。存在者在其深处呼吸着其他事物，或为其他事物准备了休憩的空间。因此，每一物中都寓居着整个世界。

《无门关》第40则有云：

> 沩山和尚始在百丈会中充典座。百丈将选大沩主人，乃请同首座对众下语，出格者可往。百丈遂拈净瓶

置地上，设问云："不得唤作净瓶，汝唤作甚么？"首座乃云："不可唤作木突也！"百丈却问于山。山乃趯倒净瓶而去。百丈笑云："第一座输却山子也！"因命之为开山。[98]

首座在回答"净瓶不得唤作木突（木拖鞋）"时，暴露了他仍受到实体思维影响的事实，因为他从实体身份的角度把握净瓶，从中看到它与木突的不同。沩山则踢倒了净瓶，以这种独特的姿态清空了净瓶，同时也将它踢入了空境。

海德格尔在著名演讲《物》（"Das Ding"）中，也以非同寻常的方式探讨了壶。海德格尔以壶为例，阐明何为事物的本真存在。他首先提醒读者注意壶的虚空："壶之虚空如何容纳呢？它通过承受被注入的东西而起容纳作用。……虚空的双重容纳就在于这种倾倒。……从壶里倾倒出来，就是馈赠（schenken）。……起容纳作用的虚空本质聚集于馈赠中。……我们把入于倾注的双重容纳的聚集——这种聚集作为集合才构成馈赠的全部本质——称为赠品（Geschenk）。壶之壶性在倾注其赠品中成其本质。连空虚的壶也借由这种赠品来保持其本质，尽管这个空虚的壶并不允许斟出。但这种不允许为壶所持有,而且只为壶所持有。与之相反,一把镰刀,或者一把锤子,在此就无能为力了,做不到对这种馈赠的放弃。"[1][99]

至此,海德格尔仍未超越上座禅师的有些站不住脚的立场。后者也会讲:壶不是镰刀。馈赠才是将壶与镰刀和锤子区分开来的、属于壶的本质。这里海德格尔仍未抛弃实体模式,但他又向前走了一步,尽管没有踢倒壶、让壶进入空境:"在赠品之水中有泉,在泉中有岩石,在岩石中有大地的浑然蛰伏。这大地又承受着天空的雨露。在泉水中,天空与大地联姻。在酒中也有这种联姻。酒由葡萄的果实酿成,果实由大地的滋养与天空的阳光所玉成。在水之赠品中,在酒之赠品中,总是驻留着天空与大地。然而倾注之赠品乃是壶之壶性。故在壶之本质中,总是驻留着天空与大地。"[2][100]物不是某些属性所附着的东西。能让壶成其为壶的,更多是通过"驻留"(Verweilen)而获得的特征。在倾注之赠品中驻留的不仅有天和地,还有神圣者与有死者:"倾注之赠品

---

[1] 译文参照海德格尔:《物》,见《海德格尔选集》(下卷),孙周兴译,上海三联书店,1996年,第1172页。

[2] 译文参照上书,第1172页及以下。

乃是终有一死的人的饮料。它止人之渴，提神解乏，活跃交游。但壶之赠品时而也用于敬神献祭。如若倾注是为了祭神，那它就不是止渴的东西了。它满足盛大庆典的欢庆。……倾注是奉献给不朽诸神的祭酒。……奉献的祭酒乃是倾注一词的本意，即捐赠和牺牲。……在作为饮料的倾注之赠品中，终有一死的人以自己的方式驻留着。在作为祭酒的倾注之赠品中，诸神以自己的方式驻留着，它们复又接收作为捐赠之赠品的馈赠之赠品。在倾注之赠品中，各各不同地驻留着终有一死的人和诸神。"[1] [101]

壶通过让天与地、神圣者与有死者在其内驻留，意即"聚合"于自身而存在。海德格尔将四方的"聚合"称为"世界"和"四方域"（Geviert）。壶即世界。壶的本质是天与地、神圣者与有死者的关系。海德格尔尽管从四方的关系出发思考物，但同时他又固守着本质这一模式。物无法脱离实体的形态。海德格尔赋予物一种内在性，这种内在性将物孤立成一个个单子般的存在，因此一物无法与他物进行交流。每一物孤立地为自己聚合天与地、神圣者与有死者。它不了解相

---

[1] 译文参照海德格尔：《物》，见《海德格尔选集》（下卷），孙周兴译，第 1173 页。

邻（Nachbarschaft）。物与物彼此不相切近。物不在彼此中驻留或居住。每一物孤立存在。海德格尔的物像单子一样没有窗户。相反，禅宗的空制造了物与物之间具有相邻关系的切近。物与物彼此对话，相互映照。梅花寓居池水，月与山辉映。

> 钟声唤白昼，
>
> 花香步后尘。
>
> ——松尾芭蕉

海德格尔尝试从关系的角度思考世界。地与天、神圣者与有死者不是确定的、具有实体性的东西，而是彼此渗透、映照："四方中没有哪一方会固执于它自己的游离开来的独特性。而毋宁说，四方中的每一方都在它们的转让（Vereignung）之内，为进入某个本己而失去本己（enteignen）。这种失去本己的转让就是四重整体的镜像游戏（Spiegel-Spiel）。"[1] [102] "为本己而失去本己"的表述非常有趣。失去

---

1 译文参照海德格尔：《物》，见《海德格尔选集》（下卷），孙周兴译，第 1180 页。

本己不会将本己清零，只是否定了僵化于自我、固守于自我的"属己"。四方中的每一方都通过其他几方而找到回归自身的路径。在与他者的关系中才有了"己"。然而关系似乎又比"己"古老。相互转让将四方维系成它们"本质性的相互并存的纯一性（Einfalt）"，同时"纯一性"在自身之内又是丰富的、四重的，从而让四方中任意一方都能自由地回到自身之中。它不是那出于同一的目的而压抑本己的聚合。

世界不是实体性的东西，而是关系。在这种世界—关系中，一物将他物映照于自身。"四方中的每一方都以它自己的方式映照着其余三方的现身本质。同时，每一方又都以它自己的方式映照自身，进入它在四方的纯一性之内的本己之中。"[1] 作为镜像游戏的世界存在于寻找根据的关系之外。没有任何摆在它面前的原因能够解释它。海德格尔引用了一种同义反复的表述："世界通过世界化而成其本质。这就是说：世界之世界化既不能通过某个他者来说明，也不能根据某个他者来论证。之所以不能说明和论证，并不是由于人的思想

---

1 译文参照海德格尔：《物》，见《海德格尔选集》（下卷），孙周兴译，第 1180 页。

没有能力进行这样一种说明和论证。毋宁说,世界之世界化之所以不可说明和论证,是因为诸如原因和根据之类的东西是与世界之世界化格格不入的。……当人们把统一的四方仅仅表象为个别的实存之物,即可以相互论证和说明的实存之物,这时候,统一的四方在它们的本质中早已被扼杀了。"[1] [103] 四方中没有一个是孤立的实存。世界不是由孤立的实体组成的统一体。从某个方面看,海德格尔也清空了世界。在四方的"镜像游戏的圆环"中心是空。[104]

不过,海德格尔没有停留在这种关系性(Verhältnishaftigkeit)中。或者说,海德格尔没有将关系性的存在,即实体内在性的缺席坚持到底。圆环的造型虽然中空,但已然具有某种内在性。它的封闭性以内在性填充了中间的空。海德格尔的思维方式并非关系性的或水平的,这一点从神的角色上可以看出。海德格尔的目光超越了世界的关系向上看。在神圣的界域内有一扇圣像一样的窗户,因为神圣与神不同。神圣所属的神,不会从与这个世界的关系中生发出来。立足于这种超越的存在,神有能力退回自身,为自身建

---

[1] 译文参照海德格尔:《物》,见《海德格尔选集》(下卷),孙周兴译,第 1180 页及以下。

立内在性。整体上缺乏关系的内在性,在"他"(Er)之中得以补偿:"神……不为人所知,但仍为尺度。不仅如此。一直不为人所知的神在他展示他原本所是之时,也必作为一直不为人所知的存在而出现。"[105] 这种内在性让人对神的呼请成为可能。如果世界仍指向神,那它就不是空的。立足于空的禅宗的世界,既没有人,也没有神,不指向任何事物。海德格尔给人造成这样一种印象:他让世界的圆环围绕一个隐形的神学中轴旋转。这一独特的旋转运动导致空之中再度出现了内在性。

海德格尔大抵熟悉禅宗空的形象。在与日本人的虚构对话中,海德格尔让他指出,日本能剧的舞台是空。[106] 海德格尔将自己的思考投射在空的形象中,为空的形象赋予了内在性——禅宗的空定然不具有这种内在性。海德格尔用空来刻画他的存在之思。存在指称的是敞开,它打开了一切存在者,唯独不打开存在自身。它不是自己存在着,但每个存在者都因之获得了具有意义的轮廓。存在让每个存在者都如其所是地存在。由此,存在让每一种与存在者的关系成为可能。海德格尔以壶为喻说明存在的敞开。按照这个比喻,壶的"空"或"中空"不是一个纯粹的结果:并非壶壁留下了一个不承载任何东西的空,而是空让自己周遭出现了壶壁。空比壶壁久远。不是空的出现要归功于壶壁,而是壶壁源自空:"我们认识到……并不是壶壁随意地围成一个没有被物填满的空;相反,中间的空对壶壁成为四周和边缘的过程来说,才是决定性、影响性和支撑性的。这些仅仅是源初的敞开的显现。源初的敞开让壶壁包围自己(容器的形状)、在自己上方展开,从而使敞开本质化。包围于是映射出敞开的本质。"[107] 壶壁是空的显现。"空"的敞开"要求"壶壁"在自己上方合拢"。"在自己上方合拢"制造了空的内在性。空及敞开仿佛是壶的灵魂。造型和形状似乎就是这灵魂的内在性的显现。

对海德格尔来说,空也并不意味着事物单纯的不在场,而是表现了一种动态的过程。这一过程自身并不显示为某物,而是承载、影响、决定、变换着一切存在者,从而让它们聚集成音调(tonale)的整体。空表现为奠基性的情绪(Stimmung),贯通地调谐(durch-stimmen)所有在场的音调。基调将在场的所有多元的音调连接、聚集成一个广泛的整体,成为一种声音(Stimme)的内在性。空在这种变换中释放出一个位置(Ort),它在空的聚集的、内化的力量中得以维持、聚集："它（即空）往往表现为一种缺陷。空常被视为是中空的，或两部分之间的空间未被填满所致。然而，空实际上与一个位置的独特性密不可分，它不是缺陷，而是凸显。这里，语言再次给我们以提示：动词 leeren（倾空）包含了 Lesen 一词的源初含义，即聚集，也就是占据一个位置。倾空杯子意味着：把作为容纳之物的杯子，聚集成一个被释放的东西。空不是无，也不是缺陷。在空间的具象化方面，空以自我意志与自我筹划（Sich-Wollen und Sich-Entwerfen）的方式制造位置。"[108]

空"倾空"，也即聚集在场者，使其成为位置的聚合的共在。空具有维系的力量，"决定、影响、承载着"，同时又在某种意义上先行于被承载和被影响者。空尽管本身"不可见"，但它的光从所有可见之物中透射出来，让在场者恰如其分地登场。聚集的、贯通地调谐的空赋予地点以内在性和声音。空为位置注入了精神。海德格尔从这种聚集的力量出发理解位置："'位置'最初指的是长矛的尖。一切事物都聚集到这一点。位置自身向着最高和最极致聚集。聚集物穿透一切，让一切本质化。聚集的位置将事物聚集在自身周围并维护着聚集物，但并非作为一个封闭的胶囊，而是让聚集物发光、发亮,从而让其获得自身的本质。"[109]

那让一切经过自身的尖,形象地展示了内在性的基本运动,同时也决定了海德格尔对空的理解。禅宗的空则没有任何尖。空也不是作为聚集性的中心将一切"揽到自己身边",或让它们"在自己周围或上方"。空已摆脱了"在自己上方"的内在性和重力。恰恰是起支配作用的尖的缺席,让空变得友善。禅宗的空甚于海德格尔的空。换言之,禅宗的空没有灵魂,没有声音;与其说是聚集,不如说是分散。又或者说,禅宗的空蕴含了一种特殊的聚集,一种没有内在性的聚集,一种无声的情绪。

> 山径升朝阳,
> 梅香初绽时。
> ——松尾芭蕉

无 人

Niemand

秋日暮色里，

无人行此路。

——松尾芭蕉

对莱布尼茨来说，灵魂是一个"单子"（Monade），像一面镜子在自身中映照宇宙。然而它并不具备让它成为世界友善回声的那种静谧和无我；映照更多借助于主动的表象（Vorstellung, perception）。单子有一种"欲求"（appetition, *appetit, appetitus*）。拉丁语动词 *appetere* 意为"抓取、朝向、拿住某物"。单子即以表象的方式把握世界。表象是把握世界的一种方式。单子似乎有源源不断的欲求，它寻求着，渴念着。欲求似乎成了灵魂的根本特征，维系着单子的生命和存在。死亡等同于欲求的缺席，存在则意味着有欲求。

单子不接受，而是表达（expressio）。单子的世界本非源于被动的映照，而是它的表达。单子以想象的方式表达世界和宇宙，从而表达其自身。在对世界的再现（repraesentatio mundi）中，它呈现了自身。灵魂和单子是它们在自身的欲求中索求的东西，欲求或意志（Wille, conatus）构成其存在。欲求以一种形式的自我、一种内在性为前提，像吸收营养一般同化外物（de ce qui est dehors）[110]。在人的问题上，灵魂唯欲求，才是某人（Jemand）。某人是灵魂追逐、欲求的对象："单子借由这样的表象，也呈现并表象了自身；它呈现自我并表象着它在自己的欲求中求索的东西。单子通过这种方式表象的对象，就是它本身。……一个人'表象某物'，意味着他是某人。"[111]

在莱布尼茨看来，"不存在"比存在"更简易"[112]。力量（Kraft, vis）、意志对存在来说都不可或缺，冲动（Impuls）则对抗、阻挡着不存在。这一存在能力在于自我—喜爱（Sich-Mögen），在于对"发挥自我能力的欲求"[113]。存在表明，意志可以被书写。意志之中包含着自我—意志（Sich-Wollen）对自身的指涉。道元禅师却让人放下身体和灵魂,这种存在的根本特征不在于意志或欲求。禅修让心斋戒,直至它达到另一种存在,一种无欲无求的存在。

单子的世界作为单子的表达,封闭在灵魂内部。单子缺乏敞开状态。灵魂作为无窗的单子,无法望见彼此。每个单子孤独地望向前方,唯借上帝的中介(*l'inter-vention de Dieu*)之力,方可与彼此交流。

但从禅宗的世界观看来,存在者没有边界地敞开、接纳着,仿佛它仅由窗户构成。每个存在者在自身之内映照其余一切存在者,反之亦然:"一镜万镜相映照,应物现形为真如。"[114] 映照的发生没有欲求:"天地山川,草木繁花,般般皆圆融于镜;法界无边,万象自在,无我者离相见真。"[115] 镜自中空,断除欲念,不欲求任何事物,其映照没有内在性,没有欲求。倘若灵魂是欲求的器官,那么镜子就没有灵魂。镜中无人。无人之镜成为一间客栈,热情地接受每一个寻觅它的存在者。空让它获得了接受万物的能力:"像如本而镜中现,镜如本而容众像,俱无增减,以无性故。"[116]

来去往复，

心柳相映，

万物恬然。

——松尾芭蕉

灵魂的单子中有一个能让它感知世界的视角。从一个确定的视角来表象世界，需先有一个欲求的点，好将世界纳入视域。没有欲求，则不可能从某个视角来看世界，干预世界。这样一来，每颗斋戒的心似乎都将世界映照于自身内部，没有任何视角，也放下了欲求。世界看起来就像它由自身内部所见的样子。

费希特《人的使命》(*Bestimmung des Menschen*)中有一段奇特的灵魂自白："自由的系统满足我的心灵，相反的系统则戕害和毁灭我的心灵。它冷漠地、死板地站在那里，只是旁观各种事件的交替；当一面呆滞的镜子，反映各种瞬息即逝的形象——这种生活我实在不能忍受，我鄙弃它，诅咒它。我要爱，我要把自己沉湎于同情中，领略人间甘苦。对我来说这种同情的最高对象就是我自己……"[1][117] 欲求的心在此与呆滞的镜子对立。镜子的被动"不能忍受",因其"毁灭心灵"。与自我被迫的关联是费希特灵魂的基调。"我"有一种欲求,一种对行动的持续欲求;在此过程中,我将自我设定为无边界的整体。对于镜子,我们却不能简单地用被动或呆滞来形容。镜子很友善。友善的存在（Freundlich-sein）既非"主动",亦非"被动";友善也既非"行动",亦非"热情"。

> 芬芳涌动:
> 躺在春日傍晚,
> 衣袍平滑无皱。
> ——与谢芜村

费希特的灵魂是单子意义上的灵魂,欲求是其本质特征。欲求的目的是让世界适应我,以我来规定非我。一切非我的存在,无异于让我展示力量和自由的质料。世界应变成

---

[1] 译文引自费希特:《论学者的使命/人的使命》,梁志学、沈真译,商务印书馆,2017年,第94页。

我的世界。

　　饭后入眠，

　　化为一牛，

　　卧于桃花下。

　　　　——与谢芜村

按照黑格尔的观点，动物的灵魂比一朵花的灵魂更富于内在性；花由于缺少内在性而"被光向外撕扯"，无法固着于自身。它的自我汇入光和"纷繁的色彩"中，只在外表发光而无内在的聚集。与花不同，"尝试保存自我特性"的动物有着"更含混的颜色"[118]。因此，动物的声音"具有灵魂"，是一种"自我运动"和"自身之内的自由战栗"[119]。光没有将花向外拽离自身。花驻留在自身之畔。黑格尔还区分了不同的鸟类。北欧的鸟缺少纷繁的色彩，但它们也因此获得了更多的内在性和更多的声音。热带的鸟则消融在"植物的外衣"和外在的"羽毛"中。它们"缺少歌声"，而歌声使人们听得见内在性——这或许就是深层的灵魂。

　　以内在性为根本特征的黑格尔思想，势必构成禅宗思想的对立面。禅修是精神去内在化的一种尝试，同时不使它沦陷、颠覆成纯粹的外在或摧毁它，不使它成为"植物的外衣"。思想应当被清空，成为一种没有内在性的觉醒和凝聚。开悟大抵描述的是思想绽放的状态，它的绽放越过自身，全然消融在光和色彩中。开悟的思想是一株花树。开悟是自我特性和内在性的另一面，同时又不意味着外在和异化，而是超越了内与外的界限。思想将自身清空，成为无分别，成为友善。

> 蜀葵的花，
>
> 追逐太阳轨迹，
>
> 直至雨季。
>
> ——松尾芭蕉

在《花道》（"Über Ikebana"）一文中，禅宗哲学家西谷启治（Keiji Nishitani）从切割的现象阐释日本的插花艺术。人们将花与其生命之根切割开来的同时，也切开了花与它的灵魂。花带有的本能冲动，即欲求，同时被剥夺。切割的行为给予花以死亡。切割让花自行死去。这样的死亡又不同于枯萎——花的衰朽和自然死亡。在花走到生命终点之前,人先行将死亡给予花。在花道中,花必须在枯萎、自然死亡及其生命与欲求停止之前被移走。

被切割的花失去了欲求,自此驻留。它们驻留在各自的此刻中,既不操心过去,也不操心将来,对操心全无抵触。当花与时间同行,与时间友善相处时,时间就不会流逝。欲求是对时间的抵触。唯有放下欲求,时间之中才会出现一种纯粹的持存,一种没有延续的持存,它不是毫无时间性的无限,也不是被止息的时间,而是有限的一种显现。这种有限栖息于自身,承载着自身,不觊觎无限,似乎已将自身忘掉。人们不能在与无限的区别中理解这种有限。也就是说,花道有别于存活的艺术。后者通过"排斥时间"或摆脱时间来"寻求永恒"[120]。花道的艺术不是基于一种哀悼活动。哀悼旨在杀死死亡,消除时间。花道的字面意思是"为花赋予生命(Belebung)"。这是单纯赋予生命的行为。人通过给花以死亡来赋予其生命,助花达到更深层的生机。花道照亮了易逝之物,而不带有无限的表象。被止息的、平静的、驻留于自身的有限是美的。这样的有限照亮自身,却不把目光投向自身之外。没有欲求的存在很美。

在海德格尔这里，此在的根本特征是"操心"（Sorge）。他引述了一则古老的寓言作为其论点的例证或凭据："一天，操心女神（Cura）渡河时，看见黏着的土壤，便若有所思地拿起一块来捏。在她对着所捏的形象沉思时，朱庇特（Jupiter）走上前来。操心就请求朱庇特把精神赐予这块成形的黏土。朱庇特欣然应允。然而，在操心想把自己的名字给予她的造物时，却遭到了朱庇特的拒绝，因他坚持用自己的名字给泥人命名。正当两人争执不下时，大地女神特勒斯（Tellus）也站起身来，要求用她的名字来命名，因为她将身体的一部分给予了这个造物。三人找来农神萨图恩（Saturn）做判官。萨图恩就给了他们一个看似公允的裁断：'朱庇特，你将在他死时获得他的精神，因他的精神由你所赐；特勒斯，你将在他死时获得他的肉体，因他的肉体由你所赐。但是，操心最先塑造了他，所以只要他活着，就归操心所有。'既然对命名有争议，权且称他作 *homo*（人），因为他由 *humus*（Erde，土）制成。"[121] 人必须将自身交付死亡，才能从操心中解脱。

海德格尔就这则寓言写道："操心最先造出了他：这一存在者在操心之中有其源头。只要他活着，就归操心所有：只要这一存在者'在—世界—之中—存在'(In-der-Welt-sein),他就离不开这一源头,而是由这一源头确定和始终统治着的。在世的存在,就存在而言刻有操心的印记。……至于这一构形的源始存在应在何处得而见之,则是由农神即时间来判定的。存在即操心。"对我来说,存在关乎我的存在。操心指出了与自我的关系。我行动之时,就以我的存在之可能性(Seinsmöglichkeit)为依据,将世界纳入视野。投向世界的目光不是空洞的,它由我的存在之可能,即自身占据。当我布置一个空间时,就是按照我存在的可能之一改变它。投向世界的目光总在被校准,受我的存在之可能的引导。唯存在之可能性,让世界于我而言具有意义。我出于自身的缘故而筹划的存在之可能性,让世界显现出来,世界自此才有了意义,也即方向。

对存在之可能性的筹划以欲求为前提,意即我出于我自身的意志而筹划存在之可能性。若没有这源初意志,世界对我来说便不存在。欲求才让世界于我而言存在。存在即欲求。操心最终指向的无非努力存在(Bestrebtsein)。操心是人此在的存在形式,他的存在以自身为基础。海德格尔接着表述了这样一种观点:通过"在—世界—之中—存在",此在

"首先与通常"忘记对自身的指涉,也即忘掉自我。此在"首先与通常"非本真地存在。此在自身对抗日常中自我的失去,存在也由此获得本真性。本真的存在以一种对自我的"决断"(Entschlossenheit)为先决条件。我所有的存在之可能都应该由"我在"(Ich-bin)来引导。然而,这种放大了的自我指涉并非自私的自我中心,因为人完全可以将一种利他的行为理解为我在的可能性之一,也完全可以选择把这种利他的行为作为我在的可能性之一。在这种情况下,人仍然自己主动地进行选择。因此,对自我的强调也会带来一种英雄式的爱。

这种筹划"事关自由",也是"我自由存在的方式"[122]。作为自由的筹划与欲求联系在一起,欲求的承载者是自我。此在以存在之可能性为目标,对自我进行筹划。对存在之可能性的筹划也打开了未来。此在通过以自我为导向,对可能性进行筹划,从而存在于未来。未来,也就是我的筹划,映照着我自身,成为我的拓像。未来就是"此在在他最本真的存在之可能性中回归自身的路途"[123]。"回到自身来、朝向自身"[124]是未来的根本特征。未来源于自我意志和自我策划。为自我操心的操心将时间表述为自我的时间,它首先针对未来,就像时间之首。相反,没有操心的时间则是在当下的驻留。

> 来,入睡吧,
> 新的一年
> 是明日之事。
> ——与谢芜村

操心是海德格尔之此在的重心所在。操心让此在始终围绕自我旋转。然而禅修的目标却是抛下自我的重力,不操心,像世界原本所是的样子感知世界,而不为自我操心。《正法眼藏》有云:"自我践行并确证自我及万物,乃为虚幻;万物前来践行并确证自我,乃为觉悟。"[125]

> 虽非佛,
> 然老松
> 忘我而立。
> ——小林一茶

不操心的人不能确保"我在"。他不愿保持不变,而是随万物之流动而变。事物的映像构成了他无人、无己的自我。他在事物的光中发亮。面对抱怨自己心中有两个灵魂的浮士德[126],松尾芭蕉或许会说:"切除那些灵魂,让那里长出一枝梅花吧。"

每种受到禅宗启发的艺术都立足于一种单纯的、关于变(Verwandlung)的经验。禅语曰:"览尽潇湘景,和船入画图。"[127]将景物看尽不意味着完全地把握景物。完全把握一个对象意味着完全地占有它,而看尽景物指的是从自身看出去,浸没在景致中。风景在观察者眼中并非一个对一象(Gegen-Stand),而是观察者亦融进景中。玉涧为潇湘八景之一《江天暮雪》题跋:"万里江天万里心。"心在此处不是内在性之器官,而仿若跃向外。心之虚旷与风景之虚旷共绵延。江天一色,汇入去除内在的、清空的、无我的心。

玉涧为《远浦归帆》一景题跋:"无边刹境入毫端,帆落秋江隐暮岚。残照未收渔火动,老翁闲自说江南。"[128]景因流动而无边。暮岚笼帆,秋江与舟楫难辨彼此,而无边刹境入毫端处,画家即风景。他用画把自己消融在风景里。画家映景于心,而画中无我。画自作画,由画者执笔。风景被人观看的方式，就是它观看自身的方式，不掺杂画者的视角。毫端离风景之近，未留下任何距离让人做视角性的、对象化的看。无边之境与毫端融会处，每一笔即整个风景。纤毫之间吐纳潇湘全景。事实上，禅宗的画不描摹、不呈现任何事物，局部也并非有条理地堆叠、聚集成整体。

变也是能剧的重要元素。能剧是一种由舞、乐、念、唱组成的舞台剧，伴有深刻的宗教情感，表演者身着绸服，戴木质面具。舞台像一座没有山门和侧墙的寺庙。舞台的背景是一面画着古松的后墙，即镜板，像静静映照世界的一面镜子。舞台左后方有一座松木围成的窄廊，能剧演员由此登上舞台。窄廊另一端连接着镜室。镜室的墙上悬挂着巨大的镜子，被称为变的圣所，能剧的主角在登台前于此聚集。他们在镜前为自己戴上能面（omote），由此完成变的过程。能剧演员变成了他们在镜中所见的能面。演员在镜前清空了自己，以便走进他者，在他者中凝神聚气。镜子不是自恋之地，而是变之场地。

能面本身有飘忽未定之处，其表情细腻而复杂。因这幽微、难以确定的表情，能面并不僵滞。能剧的美与优雅也恰在于这独特的飘忽。演员借由头部不经意的动作和光影的交错，调动起各式各样的表情。除少数鬼怪的面具而外，能面单调、空洞，但正因其空洞，能面可以驾驭各种不同的表达方式。能剧持守在梦与现实的中间地带，这是能面飘忽未定的另一个原因。

> 昔者庄周梦为胡蝶，栩栩然胡蝶也，自喻适志与！不知周也。俄然觉，则蘧蘧然周也。不知周之梦为胡蝶与，胡蝶之梦为周与？[129]

在不佩戴能面的能剧里，演员仍以独特的方式保持面部表情的空洞，即便在流露感情时也显得内敛。初看之下，能舞也缺乏感染力。舞者双足平移、滑动，几乎不离舞台地面，足尖轻抬后，整个足底便轻柔无声地与舞台契合在一起，舞者的身体一直保持水平，舞蹈中没有跳跃[130]，也没有任何激昂情绪打破舞蹈的平衡。

俳句或禅诗也不是灵魂的表达。人们应将其阐释为"无人之见"（Ansichten des Niemandes）。它们亦不具有内在性，没有"抒情之我"表达自身。俳句中的物也化作无，没有抒情之我将物淹没，把物变成比喻或象征，而是让物照亮其如此存在的状态。"化为无之存在"是俳句的思想基调,直指诗人那清修、无我地将世界映于自身之中的心。

> 雪落鸭翅,
> 静谧无边。
> ——正冈子规

俳句中虽无"人"、无"我"发声,却有别于海德格尔尝试从"本有"(Ereignis)角度阐释的、冷漠的咏物诗。海德格尔在《面向思的事情》(*Zur Sache des Denkens*)中引用了特拉克尔的诗:

> 有一丝光明,风已将它驱散。
> 有一个破酒馆,醉者已于午后离去。
> 有一座葡萄园,焚毁后黑色的窟窿爬满蜘蛛。
> 有一间房间,他们已用牛奶漆刷。
>
> 有一片收割过的地,在黑雨中倒下。
> 有一棵棕色的树,孤独地立着。

有一阵风的私语,盘旋在空荡的茅屋
——多么悲伤的夜晚。[1]

海德格尔将诗中没有距离感的"有"(Es ist)与兰波诗中的"有"(Es gibt)做了对比:

林中有一只鸟,它的歌声使你驻足,使你脸红。
有一口钟从不鸣响。
有一片沼泽藏着白野兽的洞。
有一座教堂沉落又升起一片湖泊。
……[2]

在海德格尔看来,一个普通的"有"总是与存在者的关联,着眼于人的攫取和占有:"倘若说'溪水里有鳟鱼',确证的就不仅仅是鳟鱼的'存在',而是先言明了溪水的价值。有鳟鱼成了溪水的特征,溪水由此变成一条特别的溪水,供人在其中垂钓。对'有'直截了当的使用已经与人

---

1 译文引自先刚译格奥尔格·特拉克尔(Georg Trakl)《诗篇·在深处》。
2 译文引自王以陪译阿蒂尔·兰波(Arthur Rimbaud)《童年》。

之间建立了联系。通常来讲,这种联系在于可支配,在于从人的角度来说可被占有。"[131]

> 夕潮何其凛,
> 鱼跃潮水中。
> ——正冈子规

海氏继续讲道,无论特拉克尔的"有",还是兰波的"有",表达的都不是某物的存在,或存在之物的可支配性,而是"不可支配,作为不在家的(unheimlich)、神灵般的(dämonisch)存在而正在发生的事件",完全不受人的干涉。

俳句用语言呈现世界和事物的"如此存在",它闪耀于人所能触及的范围之外。然而,如此存在并不以神灵般的、非人格的"它"的形象示人。与其说它是神灵般的、不在家的,不如说它是友善的。与咏物诗不同,俳句没有具体所指,亦不涉及任何无法支配的实体。没有神灵般的"它"淹没我和世界。细察之下,咏物诗中仍有一个"我"。由于丧失了全部的意义关联,世界于"我"成了非人格的、匿名的尺度。一个异化、清空、无世界(weltlos)的我从如此存在之物中发声，游荡着，找寻着，呼喊着。物也与彼此交流。每一物都是"它"的空洞、匿名的回声。咏物诗中全无关联，俳句表现的则是关联和友善的联系。

作为俳句栖身之地的"空"既清空了"我"，也清空了"它"。在此意义上，俳句既不是人格化的，又不是非人格化的。

> 岩石的芬芳：
> 露水与炙烤中，
> 夏草变红。
> ——松尾芭蕉

俳句里没有隐藏的、需要人发掘的意义，也没有需要阐释的比喻。俳句全然敞开、显明，无须人去阐明。

> 清风拂过，
> 鸟羽益白。
> ——与谢芜村

俳句将其意涵显露无遗，仿佛没有什么需要隐藏。俳句不转向内心，也不包含深意（Tiefsinn）。深意的缺席恰恰营造了俳句的深度（Tiefe）。俳句的深度与灵魂内在性的缺席相关。去内在化的、清空的心，以及无内在性的、无人的凝神聚气，造就了俳句的明快洒脱和平直旷远。

无 住

Nirgends wohnen

羁旅染沉疴，

残梦萦荒原。

——松尾芭蕉

芭蕉游记《奥之细道》(*Oku no hosomichi*)开篇写道：

> 月日者百代之过客，来往之年亦旅人也。有浮其生涯于舟上，或执其马鞭以迎老者，日日行役而以旅次为家。古人亦多有死于羁旅者。不知始于何年，余亦为吹逐片云之风所诱，而浪迹海滨。[1] [132]

---

1 译文引自松尾芭蕉：《奥之细道》，郑清茂注译，北京联合出版公司，2019年，第3页。

《奥之细道》第一章首句乃沿袭了李白《春夜宴桃李园序》：

> 夫天地者万物之逆旅，光阴者百代之过客。而浮生若梦，为欢几何？古人秉烛夜游，良有以也。[133]

在芭蕉的字典里，"风"与漫游（Wanderschaft）、与事物的易逝含义相近。他自视为"衣裾猎猎一游僧"。"风流"（Fûryû）——芭蕉用以描述自己创作的词汇，其字面意思即"风—流（Windfluß）"[134]。芭蕉或许亦会有"人，诗意地栖居"之语。对芭蕉来说，"诗意"或许意味着无住，就像为风所逐之片云，乃天地间逆旅中驻留的过客。随风漫游是居住的一种独特形式，也是与有限性为友的形式。人在有限性中居住、徜徉。

> 返岸上投宿，住二楼，开窗面海。所谓旅卧风云中，奇妙之感，不可言宣。
> （曾良作诗：）

猗欤松岛,

杜鹃应借鹤身,

唱遍全湾。[1] [135]

芭蕉一生的漫游是他清净心的外在表现,这颗心不囿于外物,也不执着于外物。芭蕉在一封致友人的信中表达了自己的心愿:

生若浮云,心无所住,余素向往之。浪迹四方,蒙兄不弃,万望兄所遗皆非劳形役心之物。往昔之旅犹风中残网,今虽陋室一间,余甚慰。[136]

便欲启齿言,

唇冷似秋风。

——松尾芭蕉

芭蕉的漫游不是闲散中惬意(gemächlich)的徜徉,而

---

[1] 译文引自松尾芭蕉:《奥之细道》,郑清茂注译,第4页。

是没有居所（Gemach）的漫游，是不断的、痛心的道别。

> 春将去也，
> 枉教鸟啼婉转，
> 鱼目含泪。[1] [137]
> ——松尾芭蕉

> 芳菲已尽，
> 虚渺浮世，
> 唯浊醪粗饭相伴。[138]
> ——松尾芭蕉

然而，芭蕉之悲并无忧郁带来的沉重压抑，反而豁然明快起来。这明快、豁然的悲，是芭蕉无住、别离之心的情感基调，它从根本上有别于沉默的悲，后者通过哀悼，竭力摆脱别离和易逝，竭力将时间摒除在外。

1　译文引自松尾芭蕉：《奥之细道》，郑清茂注译，第126页。

病雁蹒跚

跌进寒夜：

旅程最后一眠。

——松尾芭蕉

芭蕉想必熟悉《金刚经》"应无所住而生其心"之句。道元论"无住"云："僧如云无居，水无座。"[139]作为无住的漫游远离了一切执着。漫游不止涉及与世界的关系，也涉及与自身的关系。无住也意味着不执着、不黏滞于自身，即放下自我，自弃，让自我随万物归于大化流行。泰然任之是无住心的法则。漫游亦是脱落自我的过程。无住之人并非在己处为家，而是在己处为客。占有与自我占有在此被统统抛下，肉体与精神皆非我所有。[140]

人要离弃它而走向无住的那个家，并非仅仅是一个提供庇护的空间。它属于灵魂与内心世界，"我"在其中取悦自我，使自我蜷缩起来。这个空间是我的能力与财富的空间，我在此占据着自我和我的世界。这个"我"取决于我的占有和储备的可能。家（*Oikos*）是家政意义上的（ökonomisch）存在之所。因此，无住是家政和持家（das Haushälterische）

的对立面。

海德格尔的此在分析本质上表述的仍是一种家政的生存。此在的"存在"与家相连，其存在是家政意义上的存在。如此，海德格尔便能够把家作为此在的存在方式，即"生存论的"（Existenzial）而引入。此在在世界中只看到他自身，看到他的存在之可能。"在—世界—之中—存在"（In-der-Welt-sein）意味着在自身处为家（Bei-sich-zu-Hause-sein）。家被理解为"生存论的"，其法则是操心——为自身的操心。操心为"在—世界—之中—存在"注入了灵魂。此在没有漫游的能力。

主体构成了无住心的对立面。不断返回自身，是主体的根本特征。主体的家在其自身。主体每一次朝着世界的转向，都是在转向自身。他迈向世界的每一步都不曾远离自身，每一个觉知对象都是对其自身的意识。"我在"（Ich-bin）伴随着主体的一切表象。存在的确定性取决于自我的确定性。列维纳斯将这样的主体比作奥德赛："……意识在经历了一系列冒险之后重又找回自身，就像奥德赛，所有的旅途都是为了回到他出生的岛屿。"[141] 列维纳斯将亚伯拉罕作为奥德赛的对立面：与奥德赛家政意义上的存在不同，亚伯拉罕"为了向一个陌生的国度启程而永别父国"[142]。

亚伯拉罕果真摆脱了家政意义上的生存吗?按照《摩西五书》第一卷的叙述,亚伯拉罕离开了父辈的家,但仍带着他的财产和家人。他启程前往别处并不标志着他中断了家政意义上的存在:"亚伯拉罕就照着耶和华的吩咐去了。罗得也和他同去。亚伯拉罕出哈兰的时候,年75岁。亚伯拉罕将他妻子撒莱和侄儿罗得,连他们在哈兰所积蓄的财物、所得的人口,都带往迦南地去。"[143] 亚伯拉罕的启程即迁出(Auszug),归根结底是移居(Umzug),是更换一个家,且他带着财物和人口。上帝没有将他引向歧途;他离开先祖的家,是因为上帝向他预言并允诺了一个新的、富有的家:"耶和华对亚伯拉罕说,你要离开本地、本族、父家,往我所要指示你的地去。我必叫你成为大国,我必赐福给你,叫你的名为大,你也要叫别人得福。为你祝福的,我必赐福于他。那咒诅你的,我必咒诅他,地上的万族都要因你得福。"[144] 上帝重申了他的允诺。亚伯拉罕举目四望所见的世界,都将成为他的世界、他的财产:"从你所在的地方,你举目向东西南北观看。凡你所看见的一切地,我都要赐给你和你的后裔,直到永远。我也要使你的后裔如同地上的尘沙那样多,人若能数算地上的尘沙才能数算你的后裔。你起来,纵横走遍这地,因为我必把这地赐给你。亚伯拉罕就搬了帐棚,来到希伯仑幔利的橡树那里居住,在那里为耶和华筑了一座坛。"[145]亚伯拉罕定然对上帝允诺的财物感兴趣。出于这样的兴趣,他想从上帝那里得到确认,得到一个可见的记号:"耶和华又对他说,我是耶和华,曾领你出了迦勒底的吾珥,为要将这地赐你为业。亚伯拉罕说,主耶和华啊,我怎能知道必得这地为业呢?"[146]亚伯拉罕的信仰并不标志着他放弃了家政意义上的生存。亚伯拉罕将以撒献祭的行为也并非全无盘算,他或许暗自思忖:"……如果这事发生了,那么上帝会给我一个新的以撒……"[147]

无住即漫游,其前提是彻底放下财产,放下属于我的一切。芭蕉通过漫游脱落了自我,脱落了他的财产,彻底告别了他在家政意义上的生存。他的漫游指向的并不是应许的未来。芭蕉行旅不辍,在每一个瞬间驻留,他的漫游没有任何目的论和神学的意义,因为他已然到达。在最宽泛的意义上,这位衣裾猎猎的游僧可被理解为亚伯拉罕和奥德赛的对立面。芭蕉之所以漫游,是因为他无所欲求。相反,奥德赛的迷途是因为他欲求返乡,他的旅程有了方向。亚伯拉罕同样缺少漫游的能力,他像摩西一样在前往应许之地的途中。

> 行旅诚乃疲,
> 忽现紫藤花。
> ——松尾芭蕉

无住彻底质疑了同一性的范式。让人的心变得灵动的不再是对恒定不变之物的寻求:"心随万境转,转处实能幽。随流认得性,无喜亦无忧。"[148] 无住心无所执着,与万物沉浮,幻化不定。无住是有朽的居住。心无执念,获得解脱,无忧无喜,无爱无憎——无住心太过空,自然无爱无憎,无忧无喜。解脱的自由是独一无二的"无分别"。在这样的"等而视之"(Gleich-*Gültigkeit*)中,一任万物来去,心自喜乐。

柏拉图一定不熟悉漫游或无住。人死后仍未离开家。在《申辩篇》(*Apologie*)中,苏格拉底把死亡看作"灵魂的转移(metoikesis)"。死亡是"灵魂从此地离开,向另一个地方(topos)转换、迁移"[149]。灵魂在人死亡时经历的"转换"(metabole),并未让灵魂变得无家可归。转移、迁移并非漫游。灵魂离开一个家,为的是到达另一个家。死亡是从一个家搬到另一个家。然而对芭蕉来说,死亡就是漫游。

在柏拉图看来,死亡是灵魂从身体这个有限的家启程,前往天上的居所。当灵魂"摆脱肉体,独立存在时"[150],就无须恐惧,灵魂"离开身体时随风飘散,不再存在,也无迹可寻(oudamou)"[151]。灵魂的专注和内在性,使得它更容易移居到天上的居所。独立的灵魂去往的家,比它离开的家更优越。灵魂去往的地方是"纯净"和"单一理念"(monoeides)的所在,没有转变、变换与转化,一切与自身保持同一。天上的家维持着同一性。相反,人们无法用"恋家"形容那似水般变动不居、"融于万境"的心。

　　一袭旅袍,

　　鹤行冬雨:

　　俳圣芭蕉。

　　　　——三浦樗良

古希腊的众神对炉灶代表的内在世界并不陌生。当一部分神灵在路上(poreuein)时,众神之家由灶神赫斯提亚

（Hestia）守护。[152] 她是在家的。众神的在路上亦非漫游。柏拉图笔下的众神不漫游，他们总在"回家"（oikade），并且回到"天的内部（to eiso）"[153]。

柏拉图的《理想国》是一本写给定居之人的书，是一本有关持家的书，其中的对话描述的是家政意义上的生存。柏拉图在此提出的对诗人的批评，同时也是对漫游、对"变"的批评。"神圣""优雅""友善"（hedys），"因其智慧（hyposophias）而多才多艺（pantodapon）、能描摹万物"的诗人，被柏拉图拦在了他的城邦之外。[154] 柏拉图只允许他们在城邦之外漫游。那些禅师的狂笑或许会惹恼柏拉图。柏拉图不允许诗人描写狂笑，因为在他看来，狂笑会引起"剧变"（heftige Umwendung, metabole）[155]，让人失控。

无住的清净心同样不囿于身体。然而，这样的一颗心不止摆脱了肉体的欲望，而且摆脱了一切可被称为欲望的东西。它不仅清空了身体，也清空了灵魂。相反，欲望构成柏拉图之灵魂的根本特征。飞向天空的"羽翼"形象地展示出灵魂的内在法度。这一有关灵魂的比喻，由上与下之间的差异主宰。灵魂寻求着神圣（theion）与不朽（athanaton）。[156] 空则不能成为欲望的对象。空即无，它恰恰清空了所有欲望。空更多是凡俗（alltäglich），而非神圣。人甚至无法称它为"单一理念"，因为它清空了一切理念。它洒脱不羁，不为任何理念所束缚。但空并非与多姿多彩的世界截然对立，它即世界。空与多样的世界之间并没有存在意义上的梯度。人不是向外漫游至超验（Transzendenz），而是穿行于日常的内在（Immanenz）。

无住不是避世，它并不否定人在此世的驻留。开悟者并非在"无"的荒漠里游荡，而是居住在"熙来攘往的街巷"[157]。无住亦是住，但不夹杂任何欲望，"我"在其间亦未被锁住。无住没有背离世界。空表达出一定程度的"否"（Nein），但禅宗之路并未终止于否，而重又走向"是"（Ja），走向有人居住的、形态多样的世界。前文所引的一句禅语道出"是"的深意："一切如旧。'昨夜三碗米，今宵五碗粥。'万物恒常，诚哉斯言。"[158] 这段文字也表达了"是"与"否"的双重运动：

> 未开悟时，见山是山，见水是水；亲见知识，有个入处，则见山不是山，见水不是水，草不绿，花不红；及至跋山涉水，归于本源，见山只是山，见水只是水，

草绿花红。彻悟与未悟何其相似,然本质判然有别。[159]

无住蕴含对住的肯定。它从无与空的否定中穿行而过,也从死亡中穿行而过。世界"在内容上"未有变化,却因空而更加轻灵。空化住为游。无住不是简单地否定家与住,而是打开了住的源初维度,让人不以己处为家,不寓居自身之内,不执着于自我和财物。无住是敞开家门,悦纳众生。这样的一个家脱落了家政的色彩,也脱落了内部的陈设与内在的局促。它清空了自我,使之变为客栈。

死
Tod

花叶翩然处，

桃枝渐欲老。

——与谢芜村

海德格尔在一场有关黑格尔的讲座中，称黑格尔不了解死，死对黑格尔来说不是"灾变"（Katastrophe），"跌落"（Sturz）与"颠覆"（Umsturz）均无可能。在黑格尔这里，一切"已被无条件地确定和安排"[160]。是否有一种宗教，死对它来说纯然是灾变，如同消逝与衰朽？又或是那将无尽的喑哑、喑哑的无，转换成健谈的存在、将困厄再次颠覆的 katastrophe（希腊语，意为转向、转变）？

> 在酣睡的面庞前
> 驱赶苍蝇。
> 今天,最后的最后……
>
> 夜已降临。我所做的无他,只是从父亲病榻旁的容器里取点水,沾湿他的嘴唇——尽管这在我看来毫无意义。
>
> 第二十日的月亮照临窗前。周遭所有人都沉入深深的睡眠。我从远处听到第八声鸡鸣时,他的呼吸变得轻微,轻微到人几无感知。[161]

早在柏拉图那里,死就不是一个灾难性的终点,而是通往更高存在的特殊转折点。灵魂在死的带领下更接近"不可见""神性""理性""单一理念"[162]这些恒定不变、不可颠覆之物。在柏拉图看来,哲学与死有一种独特的关系,因为死并非仅仅是哲学的对象之一。从事哲学意味着死。柏拉图这样看待死与哲学之间单向的紧密联系:"无论他人是否察觉,但真正研究哲学的人,所求之事唯有练习死,进入死的状态。"[163]然而,死可以意味着一切,却唯独不意味着非存在（nicht-sein）；相反，死亡提升、加深并升华了存在。死即是醒，"内敛凝神"[164]，摆脱那让真理变得模糊的肉体的干扰和迷惑。死让灵魂更沉静、更内敛。作为死的哲学思考，就是为了不可见的、理性的存在而杀死肉体与感官性质的东西："如果没有可能凭借肉体获得对事物纯粹的知识，我们只有两个选择：或者永远无法认知，或者在死后获得认知。因为人死后，灵魂将脱离肉体独立存在，此前却并非如此。在我们活着时，接近知识唯一的途径是尽可能远离肉体——我们没有亲近肉体的必要；不让肉体的本性贯注我们，而是保持自身纯净不受肉体侵害，直到神亲自解救我们。摆脱了肉体的愚钝，达到纯净明澈的状态，我们也许才能和真理同在，凭借自身认识澄明，这或许就是求得了'真'（das Wahre）。"[165] 哲学家必须思考死亡，对哲学的关切就是对死亡的关切。哲学家必须通过逃离和蔑视肉体这一充满弊病的、有限的场域，在有生之年预想死亡。死不是终点，不是跌落或颠覆，而是一个特殊的开端、一个出发点，摆脱了肉体重负的灵魂由此飞升至"高贵、纯净和不可见的"场域，轻灵如蝶。[166]

秋的熟果，

消逝于暖泪。

捧在掌心。

——松尾芭蕉

按照黑格尔的观点，个体和有限的事物之所以消失，是因为它们不是普遍和无限的存在。它们"对普遍性的不适"是其"与生俱来的死的萌芽"。但死不会让个体堕入虚无，而是俯拾、抬举、升华了个体。因此，死是"个体性向普遍性的过渡"。死不是终点，而是"中点"（Durchgangspunkt）。个体不会消失，而是走向其根基。死不是灾难，而是朝向更高存在的转折和颠覆，是否定向肯定的"回归"，它摧毁了有限。个体在死中蜕去有限，接近他无限的根基。柏拉图模式的死也决定了黑格尔对死的理解。死允诺了无限："有限被规定为否定，必须从自身中解脱自己。有限从其有限性中源初的、自然的、无拘无束的自我解放，就是死……"[167]

黑格尔与死的关系中贯注着一种英雄气概。按照黑格尔的观点，"不是畏惧死、使自己免于衰朽的生命，而是忍耐死、在死中自持的生命","才是精神的生命"。精神的力量并非在于纯粹的肯定,而是在否定的死面前能"直面死,驻留于死的身畔"。"将它(即否定)转变成存在"[168]的"魔力"来自英雄般的向死而生(Sein zum Tode)。死无法轻易撼动精神。精神的英雄气概主要体现在它以死、以否定来锻炼力量。

对费希特来说,死也不是终点,而是开端与出生:"自然中的所有死亡都是出生,生命的升华恰恰在死的过程中得以显现。自然中没有死的原则,因为自然中皆是生命;杀死生命的不是死亡,而是更有生机的生命,它隐藏在旧生命的背后,萌发,生长。"[169] 自然没有能力杀死"我","只为了我、出于我的缘故",自然才存在;"若无我",自然亦不存在。"正因它杀死我,"费希特继续写道,"它才使我重新获得生命;这生命无他,恰是我在它之中生长起来的更高的生命。我此时此刻的生命消失于新生命的面前。有朽之人所谓的死亡,是获得第二次生命的可见的显现。"死仅仅是"一架梯子,将我的精神之眼引向我自身的新生,引向为我存在的自然的新生"[170]。最终,"我的死"不再可能。他人也"不能认为我的精神已被杀死"。精神"仍在,也应得一个所在",因为它"与我相等"。悲伤仅"在此世";"彼处"是快乐,"因为悲伤驻留在了我所离弃的地方"。费希特通过对抗有限来寄托哀思,既杀死了我的死,也将他人的死杀死。这一方式将死变作生,变成"灾变"。他的悲伤带有克制的特点,无法走向一种平静的喜悦。他的快乐也同样显得克制,并且僵滞得有些离奇。费希特欢呼道:"生活吧,这就是我,永远不可改变、坚定而完满……"[171]

> 垂老欲倦,
> 春雨唤我醒,
> 亦复何求。
> ——松尾芭蕉

海德格尔既已提出,死亡在黑格尔这里不是灾变,随之而来的问题便是,海德格尔自己的死亡观在多大程度上可被理解为一种灾变?死将带来何种"跌落"或"颠覆"?《存在与时间》中对死的分析没有出现"灾变"一词。不过,死在此成为"生存的无限度的不可能性"[172]。如何理解这种无限度?它是否指死亡将存在推向其绝对的对立面,推向虚无？

海德格尔在其他地方称死是"自我扬弃"的一种"极度可能性"。值得注意的是，海德格尔赋予死一种唯意志论的解释。此在扬弃了自我。死不是此在在某个时刻不得不违背自身意志去忍受的东西。较之被动地忍受生命的终末，即眼睁睁地看着死终结我、我自身和我的存在，自我扬弃或许少了些灾变的色彩。

在作为"生存的无限度的不可能性"的死，也就是此在停止存在的终点这里，海德格尔仅略作停留，为的是把目光转向存在。在这一转向中，死被体验为存在的"赋予尺度的"可能性。我们在何种程度上可以称其为灾变？在存在的限度内，死是否带来了颠覆？死将存在推向了何处？

按照海德格尔著名的论点，此在"首先与通常"地以自我遗忘或自我迷失的方式，参与到日常生活中来。在日常生活中，此在以"常人"（Man）已有的、熟知的感知模式和行为模式为参照。死把此在从人们已司空见惯的、日常熟悉的世界中剥离出来，让它"从内部瓦解"[173]。在这个意义上，死或许是一场灾变。这一"世界灾变"将此在置于"不在家的情绪之中"。不在家并非存在的终点，也不是随后而来的无，而是处于陌生的赤裸状态（Nacktheit）与不在家状态的存在本身。

然而，世界的崩塌并非全然具有灾变性质，因它没有将我颠覆。存在"赤裸的不在家状态"更多地将此在抛给了自身。此在首先与通常地以自我迷失的方式生活于其间的日常世界沉落之处，一个强大的自我觉醒了。此在以自身为依据采取行动。死并非将此在置于一种极端的被动中，而是成为一种突破、一个转折点。因为死亡的缘故，此在振作成一种本真的生存（eigentliche Existenz）。与常人非本真的生存相反，本真的生存由一个强大的自我来担负。死呼唤此在做出自我决断。死呼唤着、震颤着此在。它从此在身上发掘"最本真的生存"[174]。此在于是在自我、在"我在"中被忆起。

> 年迈如我，
> 便是面对稻草人
> 也会胆怯。
> ——小林一茶

海德格尔的"向死而生"里也充满了英雄气概。在海德格尔看来，因恐惧（Angst，又译"畏"）而拒绝死，是一种软弱的情绪。相反，直面死、在那宣称自己是日常世界之崩坏的死身边驻留，则是英雄般的姿态。这种英雄般的向死而生，或许就是让此在变成最本真之存在的"魔力"。它用另一种方式将否定转变成存在。人应当用英雄般的决断来忍耐恐惧。"畏死"不是对存在之终点的畏，而是畏那由我自己孤独地接受的死。

在向着死、向着"我之死"的生中，升起一个强大的"我在"："我最本真的存在，我每一瞬间的能在（Seinkönnen），与死——向来我属的死，一同站在我的面前。存在，也即我在我此在的终末将成为的存在、我每一瞬间所能是的存在，这种可能性是我最本真的我在，也就是说，我将成为我最本真的我。死作为我的死——这种可能性就是我自身。"[175] 此在用英雄般的"自我决断"，回应了"自我放弃"的可能性。从根本上讲，这种可能性也许是一种自我失去，一种被动去忍耐的自我的尽头。但死不是"我的"尽头，而是作为"我的"死，唤起一个强大的"我在"。"我死"即"我在"。英雄般的向死而生将死转变成存在，死的肯定成分称为"我在"。

> 油菜花中虫，
> 未及变蝴蝶，
> 消逝在秋天。
> ——松尾芭蕉

在海德格尔这里，死定然没有许诺柏拉图意义上的无限。此在逃离作为有限场域的身体，并非为了接近无限。以死的视角观之，海德格尔同样不会赞成费希特"这就是我，永远不可改变、坚定而完满"的欢呼。但一种英雄气概、一种渴望再次生发出来。在死面前觉醒的强大的"我在"，最终英雄般地背离了人的有限，因为死亡恰恰终结了"我在"。相反，与死的关系仍停留在有限中；当加诸自我的钳制松动，与死的关系也就成了向死而生。

死在禅宗那里显然也不是灾变，不是禁忌。但禅宗不举行哀悼缅怀的活动，这类活动无可避免地指向有限。没有一种哀悼的经济学能够将无转化成存在。禅宗更多是培养了对死泰然任之的态度，摆脱了英雄主义或对死的渴念，与有限保持相同的步调，而不是去克服有限。

道元禅师很早就对死与易逝的问题做过深刻的反思。有关他的一则生平记载道："道元7岁丧母，悲恸不已，后于高雄寺望佛烟袅袅，悟世相无常，遂生开悟之志。"[176]"开悟"却不是通过克服易逝之物来获得的。道元临终前留下这样的文字：

> 世界与人生，
> 我当与何人相较？
> 当水鸟之喙
> 轻啄露珠上的月影。[177]

诗中表达的事物的衰朽、易逝与短暂，只静静摇曳于字里行间，没有诗之外的任何其他指涉。道元驻留于易逝的事物，不带有任何英雄气概，也不带有任何渴念。他的目光没有超出易逝之物的层面。小林一茶的文字也表达了相似的思想意境：

> 我毕生一刻未曾停止对衰朽与短暂的思考，觉悟

到世间万物如雷电般转瞬即逝,我亦四处漂泊,白发如冬霜。[178]

一茶行走于易逝之物,与易逝之物保持一致的步调。他持身于易逝的内在性中,而非超脱于这一内在性,并欣然与易逝之物相处。他与之一同流逝,让"自我"流逝。在单纯的泰然任之中,有限从自身中变得明亮起来。有限本身发出光亮,无须无限的光辉,无须永恒的表象。细细聆听,一茶文字中所蕴含的悲,实则接近喜。我们在此处看到的是一种豁然走向喜、灿然走向明的悲。这样的喜不同于愉悦(Fröhlichkeit),因为愉悦缺乏悲的深度:

> 人必怀有信。
> 花自有枯,
> 花自有谢。
> ——小林一茶

道元有言:"观诸法无常,始得离我相。"[179]此处涉及一种特殊的对易逝之物的经验,因为对易逝之物的感知并不会使人失去自我。人们每每反抗易逝时,就形成一个更强大的自我。人们放大了自我,似乎要让放大的自我来对抗"我"的死亡——那终结了"我"的死亡。对有朽的另一种感知则是通过"我"的流逝,引发"对易逝的觉悟"[180]。

人将自我交付于死亡、清空自我时,死就不再是我的死,其本身也失去了戏剧性,我也不再被我的死绑缚。一种向着死的泰然任之与自由觉醒了。海德格尔"昂扬慷慨"的"死之自由"[181]则有着截然不同的精神底色,其精神态度与一种强大的"我在"、一种英雄式的自我决断一致。相反,禅宗的死之自由源于某种"我—不—在"(Ich-bin-nicht,或译"我—是—无"),它舍弃的不仅仅是"自我中心"的自我,还有属于我、属于灵魂的内在性。对于易逝的觉悟把"我"从内在性中驱离出来。死在此并非成为自我的一种卓越的可能性,而是觉悟出失去自我、不成为自我的一种单一的可能。

《碧岩录》第41则有一问:"大死底人却活时如何?"[182]"大死"并未终结生命。于生命终结处登场的死亡只是一场"小死"。唯有人具备"大死"的能力。这是抛却"自我"生命的一场冒险,然而却没有宣布自我的无效，而是照亮自我，敞开自我。自我以世俗的广袤填充了自身，从而清空了自我。一种从远处实现的、无我的自我在这一独特的死亡形式中诞生。

在黑格尔这里，死似乎让自我的体量扩大，成为普遍的存在。他将个体的内在性上升为普遍的内在性。"内在化"（Ver-Innerlichung）是黑格尔精神的根本特征。"大死"的根本运动却是"去内在化"（Ent-Innerlichung）。自我于是在"整全的一"（All-Einheit）中扬弃了自身，摆脱了主体的内在性。"整全的一"既非实体又非主体，它在自身内部为"空"。如此一来，"大死"的灾变性质大过辩证的死（der dialektische Tod），因为大死清除了一切对主体、对"我"的执着。

"大死"与"神秘的死亡"（*mors mystica*）虽具有一定相似性，但终究不同。埃克哈特大师教导说，灵魂的"所有欲望"尽管在死亡中消逝[183]，但又在一个更高的层面上复归。对无限的欲求为"上帝中的死"注入了灵魂。灵魂与上帝——"不死者"[184]在"神圣的死亡"[185]中完全融合。埃克哈特举例说明存在的高贵，也间接指出了存在具有欲求的特征："从树上掉落的毛虫又在墙上攀爬，在那里维系他的存在。存在就是如此高贵。"[186]在上帝中死亡时，一切都不会最终消逝。在上帝中的死亡伴有一种对神的经济学（göttliche Ökonomie）的深刻信任："自然如不能赐予更好的东西，则不会摧毁任何事物。……自然尚且如此，遑论上帝：他从没有一次摧毁事物而不赐予更好的东西。"[187]"我们赞美上帝中的死亡，因为它把我们置于一种比生命更好的存在中……"[188]上帝中的死亡也源自对上帝的爱，但这种爱却让爱者陷入自恋。死本身不能杀死内在性；内在性更多是在神性无限的内在性中扬弃自身，映照自身。神性"只在自身中浮动"，"除为自身外，不为他人存在"[189]。

与"神秘的死亡"相反，禅宗的"大死"是一种内在性的现象、一种内在的转变。易逝之物没有超越自身，寻求无限。人没有身处"他处"，而是沉潜于易逝之物。《碧岩录》第43则形象地展示了这一独特的转变：僧问洞山："寒暑到来，如何回避？"山云："何不向无寒暑处去？"僧云："如何是无寒暑处？"山曰："寒时寒杀阇梨[1]，热时热杀阇

---

1 阇梨，梵语音译，"阿阇梨"的略称，意为教育僧徒的轨范师、高僧，泛指僧人。

梨。"[190] 又曹山问僧："恁么热，向什么处回避？"僧云："镬汤炉炭里回避。"山云："镬汤炉炭里如何回避？"僧云："众苦不能到。"[191] 人将"自我"沉潜于寒暑中，而不与之对抗，如此便"无人"再受寒暑之苦。

《碧岩录》第55则讲述了一则有关生死的逸闻趣事：

> 道吾与渐源至一家吊慰，源拍棺云："生邪？死邪？"吾云："生也不道，死也不道。"源云："为什么不道？"吾云："不道不道。"回至中路，源云："和尚快与某甲道，若不道，打和尚去也。"吾云："打即任打，道即不道。"源便打。
>
> 后道吾迁化，源到石霜，举似前话，霜云："生也不道，死也不道。"源云："为什么不道？"霜云："不道不道。"源于言下有省。[192]

道吾禅师坚定地拒绝道出，用意何在？不道中透出怎样的道的光辉？借由石霜的沉默，渐源突然开悟了什么？对于一切可能造成分离与对立的判断，道吾都缄口不言——它们或许会消解第55则开篇谈及的"隐密全真"。道吾弃置了判断，超然于生和死的分别。

在生和死的分别前，人"完全"地生；在生和死的分别前，人"完全"地死。分别生"忧愁"。判断的行为也包含着分别。人不该为了建构一个与死截然不同的他者，而让目光望向生之外。"例如春冬，不思冬转成春，不云春转成夏。"[193] 这种精神态度与一种对时间的独特体验相关。人完全沉溺于当下。完满、从容的当下既没有被分散到之前，也没有被分散到之后；它不望向它之外的东西，而是在自身中休憩。从容的时间将操心的时间抛诸身后。被满足的当下也区别于瞬间。瞬间是从时间的其他部分中剥离、凸显出的一个特殊的时间点。它是一个惯常的时间，缺乏任何意义上的强化（Emphasc）。

圆悟在《碧岩录》第41则垂示的评唱中引用一则禅语："杀尽死人，方见活人；活尽死人，方见死人。"[194] 只要死未被杀死，只要人将死与活对立起来，活人就仍为死人。唯有杀死死，人才能完全地活，也就是完完全全地活着，而不会直勾勾地盯着死，把它当成活的对立面。"完全地活"不同于永恒或不朽，而是与"完全地死"相重合。

死不再是灾变，因为人已经历过一场大死之难。"无人"

死去。禅宗让死不再具有哀悼仪式。这种转变既不是让有限变成无限，也不是针对有朽，而仿佛是将死转向内在：人在死中死去。这种单一的死亡形式，或许是应对灾变的另一种可能。

友　善
Freundlichkeit

侍仆何其愚，

亦铲邻家雪。

——小林一茶

曾经有人指出，空是友善的中介。空境中没有僵滞的限定。无一物孤立存在，固着于自身。物与物彼此交融，相互映照。空清空了"我"，使"我"成为友善之物（*rei amicae*），像一个开放的客栈。人与人的共在（Mitsein）也可从友善的角度进行理解。

《碧岩录》第68则记载了一段人与人之间高妙的问答："仰山问三圣：'汝名什么？'圣云：'惠寂。'仰山云：'惠寂是我。'圣云：'我名惠然。'仰山哈哈大笑。"惠然以他人之名称呼自己，借此废除了自己的名字。如此一来，他将自我驱离，推向空境，让自我变成"无人"。我与他者在空之中无分别，人在空之中扬弃了自我。

对话的第二节，双方都回到了自己的本名，回到了自我。人们常说，空并不否定本己（das Eigene），而是肯定本己。空否定的只是加诸自身的固化的实体。第一步是"否"，杀死自我。仰山和三圣先置彼此于毁灭之地，也就是在空之中扬弃自我。第二步的"是"又让自我活过来。"是"与"否"的并存造就了一个敞开、友善的自我。洒脱不羁的态度让自我走出僵滞的外壳。仰山笑着越过自身，摆脱自身，自在地进入无分别的状态，也即初善（archaische Freundlichkeit）之地。

《碧岩录》第 68 则的评唱道出了"是"与"否"的双重运动："双收双放若为宗，骑虎由来要绝功。笑罢不知何处去，只应千古动悲风。""收"或"杀"是虚己（enteignendes）的一种否定。对话的双方都除掉了自己，给彼此以死亡，让自我进入空——一个既无"我"又无"你"的地方。否定悬置了所有分别。"放"则是肯定的运动，"维持其生"或"让其复生"，让"我"和"你"以各自的形象面对彼此。[195] 评唱中也提到了笑。笑是纯净的风，穿越千古，唤起悲风。空是一个友善的中介，从中吹出明快的风。这样的笑属于"大死"之人。"大死"之人无须消化悲伤。

禅宗"非主非宾，宾主相分"[196]的话描述了同样的运动。当主宾之间无分别、无僵滞的限定时，当人与自己相处有做客之感时，就产生了源初的好客（Gastfreundlichkeit）。这里所讲的好客完全不同于主人怡然自得的慷慨，"非主非宾"已然扬弃了自我。

初善定然对立于黑格尔描述为"两个整体之间斗争"的人际格局。每个人不是虚己，而是将自身确立为一个绝对的自我。在他者的意识中，"我"意愿以完全排除他者的形象出现，也意愿他者以这样的方式承认"我"。唯有在排除他者的过程中，"我"才真正是一个整体。每个人绝对地设定其所属。对我之占有物的构成部分哪怕最微小的质疑，也会威胁到我自身这一整体："因此，哪怕对其构成部分的伤害也没有止境，它是一种绝对的侮辱，对其作为整体的侮辱，对其名誉的侮辱；与每个部分的碰撞都是针对整体的争斗。"[197] 慷慨——初善的另一种表达，其对立面是将所属之物绝对化。初善建立在无我和无所有（Selbst-und Besitzlosigkeit）的基础上。

由于他者在我的意识中也想以排他的整体出现，于是造成两个整体间的斗争。双方绝对地对立于彼此。人们或许可称这种绝对的对立为源初的敌对（archaische Feindlichkeit）。友善的语词在这里绝无可能。侮辱与伤害掌控了向着他者的存在："因此之故，他们必须彼此伤害；每个个体独立地存在、成为排他的整体这一点也必须实现。侮辱是必要的……"[198] 我必侮辱、伤害、否定他者，从而在他者面前作为一个排他的整体出现，并获得他者的承认。为了寻求成为排他的整体，我必走向他者的死亡。但与此同时，我也陷入死亡的危险。我不仅冒着受伤的危险（黑格尔谈及"伤口"），还将我的全部存在作为赌注。然而，谁若没有勇气过自己的生活，谁就沦为"他者的奴隶"[199]。两个整体间的争斗是生与死的争斗："如果争斗就其自身而言停留在死亡内部，并且在杀死的行为之前已扬弃了争执，那么他既没有证实自己是一个整体，也没有承认他者是一个整体。"[200]

对死亡充满英雄气概的决断与自我决断一致。英雄般的向死而生在人际的层面上表述着源初的敌对。在禅宗的"大死"里，人得以觉悟，进入无我之境；相反，在黑格尔这里，身涉死亡的险境则与一种放大了的自我意识、一种完全排除他者的自我意识相关。充满英雄气概的脸上没有微笑。

《十牛图》最后一幅中笑满腮的老者，或许让人看到了初善。他的笑撼动了所有分隔与划界，让一切得以敞开："一挥铁棒如风疾，万户千门尽击开。"[201] 友善与慷慨充盈了他的心："敞开慈心，和光同尘。何人也？遗世独立、胸襟开阔之真人乎？愚人乎？圣人乎？此乃'大智若愚'，一无所隐。一日，晦堂与俗家弟子黄山谷行于山中，忽而香气扑鼻，晦堂问：'闻木樨香否？'黄山谷答：'闻。'晦堂曰：'二三子，吾无隐乎尔。'黄山谷恍然悟道。"[202] 晦堂"吾无隐乎尔"一语可谓友善之语。木樨香剥落了晦堂之心的内在，亦注满了他清空的心。人与人之间无法交换初善。并非一个人对另一个人友善，毋宁说是"无人"友善。初善并非人格的表达，而是空的姿态。

初善不同于交际的友善。后者要人帮助彼此进行自我展示，而在前者中，友善的言语能让他者无碍地照见自身。交际的友善指向自我，初善则立足于无我。初善亦不是为隐蔽和保护自己内心而与他人保持距离的友善。与这种防范的友善相反，初善源于无边无际的敞开。

初善与尼采贵族式的友善有着截然不同的来源。尼采的《朝霞》中有句发人深思的箴言："另一种邻人之爱。——一切激动的、吵闹的、抽风似的和神经质的行为都与伟大的激情毫无共同之处；伟大的激情在人的内心深处静静地燃烧，吸收了人身上的全部光和热，使他的外表看上去平静而冷漠，给他的性格打上了某种不可接近的印记。毫无疑问，这样的人有时也是能爱其邻人的，但是，他的爱不是联络感情的、急于取悦他人的爱，而是一种温和的、思索的和松弛的善意：他仿佛是透过其城堡——这城堡是他们的屏障因而也是他们的牢笼——的窗子打量外面的世界，打量一个陌生的、自由的世界，打量他人，这给他们带来了极大的愉快。"[1][203] 贵族式的友善以充盈、溢满的内心为前提，有一道屏障将它与外界分隔开来。因此，贵族式的友善是"窗"的友善，窗内燃烧着内在的激情；这也是有窗的单子的友善，仅仅像温和谨慎的目光，优雅地在他者身上游移。城堡或屏障都缺少源初的敞开，其泰然任之等同于自足。一面是

---

1 译文引自尼采：《朝霞》，田立年译，华东师范大学出版社，2007年，第372页及以下。

不可接近的贵族式友善，一面是可穿透的、消解了内外之间一切分别的初善。初善无须任何窗以便栖身于自我之外，因为房屋或城堡并非它的寓所。初善没有内在世界和布景，好让它在能够或意愿时向外张望，因为它住在身外，或无处为家。初善并非源于内在世界或自我的丰盈，而是源于空。它毫无激情，淡然如闲云，全然不灼烧。初善亦不同于那种让人联想到贵族式优雅的体贴（gentillesse）。它不是高贵、优雅，而是平常（gewöhnlich）。

初善比"善"（Gute）更久远，也比任何一种道德法律更久远。初善可以理解为一种奠基性的伦理力量："它自由不羁的生命在所有法律和准则之上，无人能理解。这自由不羁的生命，才应是一切道德法律和宗教准则的源头。"[204]

> 深秋矣！
> 不知邻人一何如？
> ——松尾芭蕉

"慈"（mettâ）是佛教伦理的根本概念，即指善或友善。该词源自 mitra，意为"朋友"。然而，我们不能从友谊的经济学角度尝试理解初善。经济学让友谊陷入围绕自身旋转的怪圈。亚里士多德似乎从人与自我的关系中推导出友谊的关系。具有德性意味着"对待朋友如同对待自身"。朋友于是成为"另一个我"（allos autos）[205]。"友谊的最高限度"等同于"人对自身的"[206]爱。亚里士多德在《欧德谟伦理学》（Eudemische Ethik）中写道："因此，对朋友的感知在一定程度上意味着对自我的感知和对自我的认同。人们有充分的理由认为，即使平常形式的共同分享以及与朋友的相处，也是乐事——这一过程总伴随着我们之前所说的对自我的感知……"[207] 友谊是自我与他者间的镜像关系。人在朋友中感知自身，在他者中取悦自身。于是，朋友就其本质而言是我的朋友，是我的拓像。空——初善所由来之处，则去除了内在，清空了"我"，从而不再映照从自身出发、朝向他者的关系。

即使难分彼此的友谊也无法消除"我"的内在性——它在"我们"的层面上得到了补偿。关于失去朋友，蒙田这样写道："从我失去他的那天起，那是永远残酷、永远值得纪念的一天（神啊，这是你们的意愿），我就无精打采，苟延残喘；娱乐的机会非但不能抚慰我，反而加深了我对他的追思。从前我们一切都是对半分享,现在我感到偷走了他那一份,我想永远放弃快乐,因为他已不在这里分享我的生活。我已习惯于到哪里都只是一半,我感到自己的另一半已不复存在。"[1] [208] 对蒙田来说,朋友是"另一个我"。难分彼此的友谊让"我"变成双倍。"我们"是"两人的我"。人虽摆脱了个体式的孤单,却仍深陷于内在世界的纠葛。人必须斩断内心世界的一切纠葛,才能达到初善。初善涉及的他者,必然是第三方(Der Dritte)。

对亚里士多德来说,平等与等价物的交换构成了友谊的根本特征:"当一个人对他感受到的好感做出回应,对方也并未出于任何一种可能的原因而对此毫无察觉,此时才可以明确,他成了朋友。"[209] 根据这种观点,人既不能和没有灵魂的存在做朋友,也不能和动物做朋友,因为他们无法做出回应。[210] 家也构成友谊的"开端和源头"[211]。父母与子女之间的关系是友谊的原型。在这一关系中,父母爱子女犹如爱"他们的另一个自我"[212]。陌生者是家外的人。"对朋友的善意比对陌生者的善意""在德性上更美好"[213]。家

---

1 译文参照蒙田:《蒙田随笔全集》(上卷),潘丽珍等译,译林出版社,2022年,第386页。

的律法主宰着古希腊人的友谊观。*Oikeios* 既表示"属于家庭和亲戚的",也意指"友情的"(freundschaftlich)、"友好的"(befreundet)。因此之故,古希腊人用"朋友"一词的最高级形式指称"亲属"。道元则说:"与人共情,无分亲疏,发心救一切众生,无分别心,亦无世间与世外之得失心,但从心行善,不问旁人感激与否、知晓与否,亦不必将所怀之善念道于他人。"[214]

亚里士多德对朋友的认识与初善在很多方面相抵牾。家并不是初善最初发源的地方,因为初善无处为家,也并非指向家——一个所属物(*Eigen*-tum)、财产与内在化之场域。它超越了所有持家层面的东西,即交换、等值的经济学。初善是一切存在者的朋友,它剥除了内在,也剥除了自身的属性。它不仅对他人友善,而且对一切存在者友善。

基督教对敌人的爱也囿于经济思维。基督教要人单方面地给予,不求回报,这与神的经济学有关,即人期待的是神的奖赏:"你们若借给人,指望从他收回,有什么可酬谢的呢?就是罪人也借给罪人,要如数收回。你们倒要爱仇敌,也要善待他们,并要借给人不指望偿还。你们的赏赐就必大了。……你们要给人,就必有给你们的。并且用十足的升斗，连摇带按，上尖下流的，倒在你们怀里。因为你们用什么量器量给人，也必用什么量器量给你们。"(《新约·路加福音》6:34-38)。禅宗里则没有一种在更高层面上重建经济秩序的神圣机构，给予、馈赠均不出于经济的考量，也无人持家。

初善来自同感（Mitgefühl）。同感不能从通常意义上的共情（Mitleid）角度来理解。一方面，同感不仅适用于人，而且适用于所有存在者；另一方面，同感并非得益于认同或"设身处地"。"我"必须借助认同的过程，方能与他者同悲同喜。这样的"我"在友善的同感中不存在。如若每种感情都与一个主体相关，同感则不能成其为感情。同感不是主观的感情，不是"偏好"，不是我的感情。无人感觉，而是感觉发生于人。友善的是"它"："他（即禅师）的一悲一喜似乎不是他在悲喜。悲喜于他如同呼吸：他不呼吸，仿佛呼吸取决于他和他的意愿；而是他被呼吸吐纳，最多只保留有意识的观（Zusehen）。"[215] 友善的"同"（Mit）得益于空，空清除了我与他者的区别。"同"容不下任何在同感中愉悦自身的自我："同感……不得助长哪怕最低限度的自我满足感。"[216] 友善的"同"根植于一种源初的无分别或等而视之。"同"脱离了恨与爱，倾心与厌恶。

按照叔本华的观点，当人冲破个体化原则（*principium individuationis*），也就是我在他者面前绝对地确立我的"生命意志"所借助的原则时，就产生了共情。被取消的不是生命意志本身。生命意志是现象世界的"自体"（An-sich），它"构成一切事物的本质，存在于一切事物之中"[217]。人只不过认识到，我的自我显现的自体，同时也是他者自我显现的自体。当个体化原则不再那么束缚一个人的时候，人就尝试在自我与他者之间建立平衡，"戒断享受，接受匮乏，以减缓来自外界的痛苦"。人们将会觉察到，自我与他者之间的差异"在恶人看来是巨大的鸿沟，但它仅仅是个易逝的、有欺骗性的现象而已"[218]。

尽管叔本华的共情伦理学处在道德上的"应然"与规范性的伦理学之外，但与禅宗相反，意志在叔本华这里仍主宰着与他者的关系。在共情中，他者被当作"我的意志最后的目的"[219]。我意愿他者的幸福，因为他者是"重复的我"[220]。怀有共情的人在受苦的人身上看到"自身、他自身和他的意志"[221]。叔本华的共情伦理学仍固着于自我这一形象。这样一来，它就需要解决自我与他者之间的同一性问题。共情的基础是"我以任意一种方式与他产生同一性,意即我与任一他者之间完全的区别——也恰是我的自我中心思想所立足的基础,至少在一定程度上得以消解"。按照叔本华的观点,人经由表象达致认同:"由于我无法钻进他人的皮囊,因此我只能通过我从他那里获得的认知(Erkenntnis),也就是我头脑中关于他的表象,与他之间实现达到这种认同的程度,即我的行为能够告诉对方,我与他之间的差别被取消了。"[222]自我与他者的区别仅仅"在一定程度上"得以消解:"……受苦的是他,而不是我们——正是这一点无时无刻不清晰、生动地印在我们心里:可悲的是,恰恰是在他的人格而不是我们的人格中,我们感受着痛苦。我们与他一同受苦,也就是我们在他之中受苦:我们把痛苦当作他的痛苦来感受,而非幻想这是我们的痛苦。"[223]

马丁·布伯(Martin Buber)显然将我与你的关系设定在"之间的国度"(Reich des Zwischen),即"主体的彼岸"和"客体的此岸"之间"狭窄的山脊"[224]。我与你的关系"事实上不再像人们惯常认为的那样,或居于个体的内在世界,或位于包围、限定着内在世界的普遍世界,而是在二者之间"[225]。布伯的设定中有趣的是,人际活动发生在自我孤立的主体的内在性之外。然而个体与个体间关系产生的"之间"先于个体的内在性而存在。"之间"描述的是一种先于"关系项"的、不可实体化的关系。

禅宗的空在很多方面区别于布伯的"之间"。空是非你非我的无分别的场域。与禅宗的空相比,"之间"不是那么空阔、敞亮,被"我"与"你"牢牢占据的两端包围。对话关系或"邂逅"尽管在单个主体的内在性之外发生,但"之间"却凝聚成一个内在的空间,有着内部空间的封闭性和私密性。人们也可以说,"之间"具有灵魂。仰山与三圣的对话则不是私密的对话。大笑恰恰打破了"之间"的私密性和内在性。

布伯用"对话关系"的例子,清楚地展示了二者之间关系的私密性和封闭性:"在防空洞致命的拥挤里,来自两个陌生人的目光突然相遇,只有短短几秒,两人惊诧、不知所措又对彼此怀有敌意。警报解除后,两人早已忘了这一幕,但它的确发生了,它持续的时间并不比目光相遇的一瞬间更长。昏暗的剧场里,两个同样心无旁骛、凝神谛听莫扎特音乐的陌生人之间,也会发生这种不易察觉而又强烈的对话关系。当灯光亮起时，这样的关系早已褪去。"[226] 对话式邂逅发生的瞬间，让参与者双方都变得与其他人不同，他们共同走进对话和"之间"的内景。这个你"无以为邻"[227]。布伯强调这种对话关系的排他性："与世界上某个生命或生命状态之间的任何真实联系，都具有排他性。散落、孤单、唯一、面对面，这就是联系中的那个'你'。它布满了天空：并不是好像其他什么都没有了，而是其他所有东西都生活在它的光辉里。"[1][228] "你"排斥他者、无以为邻的特征，赋予"之间"以深刻的内在性。初善则摆脱了一切内在性，因而不熟悉那个放大了的"你"。

在布伯看来，"我们命运的忧伤之处在于，我们世界里的每个'你'都必须变成'它'"，而"独一无二、尚未具有特定性质的人——他们只是在场（gegenwärtig），而非在手（vorhanden）；只可被触碰，而不可被感受"，在布伯眼中"又变成了一个'他'或'她'，成为一堆属性的集合、一个有形体的量"[229]。"它"是某物，是人占有的对象。与"你—我"不同，"它—我"无法构成关系，因为后者仅仅

---

1 译文引自马丁·布伯：《我和你》，杨俊杰译，浙江人民出版社，2017年，第88页。

以占有的方式对待世界:"有人说,人在感受人的世界。如何理解这句话?人在事物的表面行走、感受。人就是这样对事物的性质有了认知,有了感受。人在感受事物之所是。但把世界带给人的,并非只有感受。感受带给人的,只是一个尽是'它''它''它',尽是'他''他''她''她''它'的世界。我在感受事物……一个作为感受的世界,属于基本词'我—它'。基本词'我—你'则缔造了一个关系(Beziehung)的世界。"[1][230] 单个的"你"是有限的,在短暂的相遇后重又变成"它"。"你"则裹挟在神,即"永恒的你"(ewiges Du)之中,这样一个"你"就其本质而言不会变成"它"。

布伯的对话融汇了神学。所有对"你"的呼请都围绕着"永恒的你",归根结底是对神的呼请。单个的你像一扇窗,得以"透视"上帝,透视"永恒的你":"在每个领域里,透过每个真切地出现在我们眼前的东西,我们看到'永恒的你'的衣角,从每个东西里我们都感到永恒的'你'在飘动,我们所说的每个'你'都是在说永恒的'你',

---

[1] 译文引自马丁·布伯:《我和你》,杨俊杰译,第33页。

每个领域，各有各的方式。"[1] [231] 如前所述，每种对话关系都具有排他性。关系之线——倘若它们可以延伸，也必会由于其排他性，只能平行地延伸而不触碰彼此。布伯则将对话之线捆束起来，使得它们向"之间"靠拢："延长的关系之线相交于永恒的你。"[232]"它（'你的世界'）的关联处于'之间'，延长的关系之线在这里、在永恒的你中交汇。"[233] 布伯用圆形指出了对话式的"之间"所具有的另一重内在性。这里出现了内在化的、向心性的运动。凝聚于自身的"之间"汇集于神圣的中心。多重的内在性再次凸显出对话的"之间"与禅宗的空之间的区别。

去内在化是禅宗的基本特征。指向"你"的呼请围绕着神，围绕着"声音之主"（Herr der Stimme）。[234] 那些仅仅指向"你"的声音在神的声音里得以继续内化。共同体不是通过相邻者彼此间的对话构成，而是通过那些向着神圣的圆心走去的"半径"构成："最先出现的不是圆周，不是共同体，而是半径，也就是与圆心的关系所形成的共同性——正是它保证了群体的存续。"[235] 由空而来的初善，恰

---

1 译文引自马丁·布伯：《我和你》，杨俊杰译，第106页。

恰缺乏这个圆心，也因此没有边缘和半径。初善描述的是一种共在，这里缺少一个中心化的、向心性的圆心。

"你"作为爱与肯定[236]的词汇在布伯这里得到了放大。感动（Ergriffenheit）[237]和崇高（Erhabenheit）构成了决定对话关系的基调。人们不能称其为一个友善的词。初善没有放大自我，也不具有内在性和私密性，因为它不排斥他者。初善打破了对话的内景，其声漫过"你"和"我"。从很多方面看，它对事物都等而视之。这种无分别取消了其内在性，让它比指向"你"的"爱"更普遍、更包容。

布伯在《我和你》（*Ich und Du*）中批评佛教没有构建"关系"的能力，并扬弃了"言说'你'的能力"[238]。"生命与生命间朴素的面对"对佛陀来说十分陌生。在他看来，佛教正像每一种沉降理论（Versenkungslehre）一样，沉溺于"退回自身的人类思想生出的巨大妄念"[239]。在"妄念"里，精神剥落了所有的关系意识："精神由于戒断了它的意义、它的关系意识，因此必然会将非人的存在吸纳进自身，必然会将世界与神灵魂化。"

春日人不见，

犹如镜后梅。

　　——松尾芭蕉

布伯对佛教的阐释在一些方面值得推敲。首先，佛教与人的内在性、与"退回自身的""纯粹主体"的孤立细胞格格不入。在孤立的细胞里，一切都趋向内在化、灵魂化。对佛教来说，更重要的是精神的去内在化。包容、友善的精神向来在外。然而对话关系是以"我"的内在性为前提，"我"的内在性将我与你分隔开来，对你的呼请也由此出发。初善无须呼请，因为它在无分别的每个独特的"它"（ES）中苏醒，此"它"又不同于布伯的"它－世界"（Es-Welt）。佛教的"它"为一种关系，为一种无内在性、无欲求的"共在"提供了可能：

一茶亦一钵！[240]

　　——小林一茶

佛经里记载了释迦牟尼向弟子迦叶传灯一事。道元禅师也一再引述这个独特的事件:"昔灵山会上,世尊拈花[241],迦叶破颜[242]微笑。世尊道:'吾有正法眼藏,涅槃妙心,分付摩诃大迦叶。'"[243] 迦叶的微笑必定不是一个"示意"(Zeichen),证实他领悟了释迦牟尼的"示意"。此处没有暗示任何东西,也没有任何信息的交流。道元就拈花之举做此论:"山川大地日月风雨人兽草木森罗万象,恰如拈花;生死来去,其华之众相。"佛祖在众人面前所擎之花乃大千世界,它是存在者的生与死、来与去。微笑亦不指向任何事物,而是独特变化的发生,即迦叶化作花:"佛祖于菩提树下眨眼的一瞬,以眸印星;摩诃迦叶遂破颜微笑,以面印花。"[244] 迦叶的笑面即世界,是生与死、来与去,是每个驻留之物的面(Ge-Sicht)。这清空的、去除内在的、无我的花之面(Blumengesicht),吐纳、接受、映照着山川大地日月风雨人兽草木,是一个初善之地。面部破除僵滞、变得没有边界时,源初的微笑——友善那富于深意的表达便被唤醒了。面部似乎变成了"无人之面"(Niemandsgesicht)。

注 释

[1] mahâ 意为"大",yâna 意为"车乘",mahâyâna 字面意思即"大的车乘"。作为救度之道的佛教备好马车以度无量众生脱离苦海。因此,佛教教义不是"真理",而是"车辆",是抵达目的地后即可抛弃的"工具",佛教中的争论也因此摆脱了基督教中典型的对真理的执着。与追求自度的小乘佛教不同,大乘佛教追求普度众生,故而菩萨虽已圆满开悟,但仍在众生之中,以救度众生脱离苦海。

[2] 菩提达摩,释迦牟尼第 28 代弟子,将佛教禅宗引入中国。

[3] 参阅杜穆林(H. Dumoulin):《禅宗史》(*Geschichte des Zen-Buddhismus*),第 1 卷,伯尔尼,1985 年,第 83 页。

[4] 参阅《佛果圆悟禅师碧岩录》(*Bi-yän-lu. Meister Yüan-wu's Niederschrift von der Smaragdenen Felswand*)(共 3 卷),贡德特(W. Gundert)译,慕尼黑,1960—1973 年。此处第 1 卷,第 517 页。"定上座问临济:'如何是佛法大意?'济下禅床擒住,与一掌,便托开。定伫立,傍僧云:'定上座何不礼

拜？'定方礼拜，忽然大悟。"

[5] 本书引用的俳句出自以下文献：松尾芭蕉：《猿蓑集》(*Sarumino – Das Affenmäntelchen*)，多姆布雷迪（G. S. Dombrady）编、译自日文，美因茨，1994 年。与谢芜村：《俳谐三十六歌仙》(*Dichterlandschaften*)，多姆布雷迪译并序，美因茨，1992 年。《日本俳句》(*Haiku. Japanische Gedichte*)，科卢舍尔（D. Krusche）选译，慕尼黑，1994 年。《俳句——日本三行诗》(*Haiku. Japanische Dreizeiler*)，乌伦布鲁克（J. Ulenbrook）选译，斯图加特，1995 年。松尾芭蕉：《俳句一百一十一首》(*Hundertundelf Haiku*)，乌特瑙（R. Wuthenow）译并序，苏黎世，1987 年。

[6] 黑格尔：《宗教哲学讲演录 I》(*Vorlesungen über die Philosophie der Religion* I)，见莫尔登豪尔（E. Moldenhauer）、米歇尔（K. M. Michel）编《黑格尔著作集》（共 20 卷），第 16 卷，法兰克福，1986 年，第 28 页。

[7] 同上书，第 377 页。

[8] 同上书，第 375 页。

[9] 同上书，第 378 页。

[10] 《碧岩录》，第 1 卷，第 239 页。

[11] 永平道元（Eihei Dôgen）：《正法眼藏随闻记》(*Shôbôgenzô Zuimonki*)，孤云怀奘（Koun Ejô）录，奥村正博（Shohaku Okumura）评注、编辑，克纳普（B. Knab）参照日文译自英文，海德堡，1997 年，第 128 页。

[12] 黑格尔：《宗教哲学讲演录 I》，第 375 页。

[13] 同上书，第 382 页。

[14] 同上书，第387页。
[15] 同上书，第385页。
[16] 同上书，第386页。
[17] 同上书，第387页及以下。
[18] 同上书，第347页。
[19] 同上书，第414页。
[20] 《心猿：临济录》(*Das Denken ist ein wilder Affe. Aufzeichnungen der Lehren und Unterweisungen des großen Zen-Meisters Linji Yixuan*)，亚兰德（U. Jarand）译自中文并评注，伯尔尼（等），1996年，第111页。
[21] 黑格尔：《宗教哲学讲演录 I》，第379页。
[22] 黑格尔：《宗教哲学讲演录 II》，见莫尔登豪尔、米歇尔编《黑格尔著作集》(共20卷)，第17卷，法兰克福，1986年，第310页。
[23] 《碧岩录》，第1卷，第239页。
[24] 《十牛图：古代中国禅宗故事》，大津枥堂（Daizohkutsu R. Ohtsu）注，津岛晃一（Kôichi Tsushimura）、布赫纳（H. Buchner）译，普富林根，1958年，第114页。
[25] 道元：《正法眼藏》(*Shôbôgenzô*)（共4卷），西嶋愚道和夫（Gudo Wafu Nishijima）、克洛斯（C. Cross）英译，沃金（第1卷）、伦敦（第2~4卷），1994—1999年。此处第2卷，第252页。本书引用的文句皆出自这一英译本。该译本对"正法眼"的重要相关概念做了阐释，并分别以音译、日文和汉字注明，每卷末尾附梵文名称索引。
[26] 于连（F. Jullien）围绕"内在"（Immanenz）概念对中国思想

进行了精微的阐发。参阅《迂回与进入：中国与希腊的思想策略》(*Umweg und Zugang. Strategien des Sinns in China und Griechenland*)，塞德拉采克（M. Sedlaczek）译，恩格尔曼（P. Engelmann）编，维也纳，2000年。

[27] 《云门禅语：文偃禅师语录》(*Zen-Worte vom Wolkentor-Berg. Darlegungen und Gespräche des Zen-Meisters Yunmen Wen-yan*)，阿普（U. App）译、编，伯尔尼，1994年，第208页。

[28] 《正法眼藏》，第1卷，第38页。

[29] 《十牛图》，第115页。

[30] 同上书，第42页。

[31] 同上书，第115页。

[32] 参阅《云门禅语》，第101页。

[33] 莱布尼茨：《自然与恩典的理性原则》(*Vernunftprinzipien der Natur und der Gnade*)，汉堡，1956，第13~15页。

[34] 同上书，第43页。

[35] 《十牛图》，第46页。

[36] 同上书，第120页。

[37] 海德格尔：《根据律》(*Der Satz vom Grund*)，普富林根（第5版），1978年，第68页。

[38] 同上书，第118页。

[39] 参阅于连：《"淡"之颂——中国的思维与美学》(*Über das Fade-eine Eloge. Zu Denken und Ästhetik in China*)，柏林，1999年。

[40] 海德格尔：《林中路》(*Holzwege*)，法兰克福，1950年，第248页。

[41] 海德格尔：《同一与差异》(*Identität und Differenz*)，普富林

根，1957年，第70页。
- [42] 海德格尔：《演讲与论文集》(*Vorträge und Aufsätze*)，普富林根，1954年，第197页。
- [43] 参阅韩炳哲：《马丁·海德格尔导论》(*Martin Heidegger. Eine Einführung*)，慕尼黑，1999年，第119~139页。
- [44] 同上书，第140~175页。
- [45] 埃克哈特大师（Meister Eckehart）：《德语布道书和论文集》(*Deutsche Predigten und Traktate*)，奎因特（J. Quint）编，慕尼黑，1963年，第271页及以下。
- [46] 埃克哈特大师：《布道书》(*Predigten*)，见拉基尔（N. Largier）编《埃克哈特大师作品集》，第1卷，法兰克福，1993年，第557页。
- [47] 埃克哈特大师：《出埃及记注释》(*Expositio Libri Exodi*)第16条，转引自埃克哈特大师：《德语布道书和论文集》，第34页及以下。
- [48] 埃克哈特大师：《德语布道书和论文集》，第34页。
- [49] 奥托（Rudolf Otto）：《西东神秘主义》(*West-östliche Mystik*)，戈塔，1926年，第237页及以下。
- [50] 埃克哈特大师：《德语布道书和论文集》，第273页。
- [51] 埃克哈特大师：《布道书》，第429页。
- [52] 埃克哈特大师：《布道书、论文及拉丁文作品》(*Predigten, Traktate, lateinische Werke*)，见拉基尔编《埃克哈特大师作品集》，第2卷，法兰克福，1993年，第197页。
- [53] 同上书，第187页。
- [54] 埃克哈特大师：《布道书》，第73页。

[55] 同上书，第129页。

[56] 同上书，第147页。

[57] 同上书，第561页。

[58] 埃克哈特大师：《布道书》，第557页。

[59] 埃克哈特大师：《德语布道书和论文集》，第142页。

[60] 《十牛图》，第45页。

[61] 同上书，第92页。

[62] 《心猿：临济录》，第160页。

[63] 《正法眼藏》，第3卷，第225页。

[64] 《云门禅语》，第105页。

[65] 《正法眼藏》，第3卷，第226页。

[66] 《云门禅语》，第168页及以下。

[67] 《碧岩录》最出色的德译本出自贡德特，遗憾的是该译本仅为节译。本书凡引用该译本中未出现的公案时，皆参照史怀慈（E. Schwarz）译注、编辑的《碧岩录：公案集锦》（*Biyän-lu. Koan-Sammlung*），菲尔斯（B. Fels）绘，慕尼黑，1999年。此处第383页。

[68] 参阅《云门禅语》，第242页："师问曹山：'如何是沙门行？'山云：'吃常住苗稼者。'师云：'便与么去时如何？'山云：'你还畜得么？'师云：'学人畜得。'山云：'你作么生畜？'师云：'着衣吃饭有什么难？'山云：'何不道披毛戴角？'师便礼拜。"

[69] 参阅赫希格尔（E.Herrigel）：《禅道》（*Der Zen-Weg*），魏尔海姆，1970年，第40页。

[70] 同上书，第39页。

[71]《云门禅语》，第175页。
[72] 同上书，第229页。
[73] 海德格尔：《存在与时间》(Sein und Zeit)，图宾根，1993年，第370页及以下。
[74] 同上书，第345页。
[75] 同上书，第277页。
[76]《十牛图》，第120页。
[77] 海德格尔：《形而上学的基本概念》(Die Grundbegriffe der Metaphysik)，见《海德格尔全集》(共30卷)，第29卷，法兰克福，1992年，第223页及以下。
[78]《云门禅语》，第97页。
[79]《十牛图》，第13页。
[80] 同上书，第71页。
[81]《无门关：无门禅师公案四十八则》(Mumonkan. Die Schranke ohne Tor Meister Wu-men's Sammlung der achtundvierzig Kôan)，杜穆林译注，美因茨，1975年，第85页。
[82]《云门禅语》，第226页。
[83]《碧岩录》，第1卷，第147页。
[84]《无门关》，第85页。
[85]《正法眼藏》，第1卷，第169页。
[86] 同上书，第172页。
[87] 同上。
[88] 同上书，第172页及以下。
[89]《十牛图》，第94页。
[90]《正法眼藏》，第1卷，第174页。

[91] 同上书，第 177 页。

[92]《十牛图》，第 126 页。

[93]《正法眼藏》，第 3 卷，第 172 页。

[94]《碧岩录》，第 1 卷，第 251 页。

[95]《碧岩录》，第 2 卷，第 179 页。

[96]《云门禅语：文偃禅师语录》，第 167 页。

[97]《正法眼藏》，第 1 卷，第 35 页。

[98]《无门关》，第 141 页。

[99] 海德格尔：《演讲与论文集》(*Vorträge und Aufsätze*)，普富林根，1954 年，第 170 页。

[100] 同上书，第 170 页及以下。

[101] 同上书，第 171 页。

[102] 同上书，第 178 页。

[103] 同上。

[104] 同上书，第 179 页。

[105] 同上书，第 197 页。

[106] 海德格尔：《在通向语言的途中》(*Unterwegs zur Sprache*)，普富林根，1959 年，第 106 页。

[107] 海格德尔：《哲学论稿（从本有而来）》(*Beitrge zur Philosophie [vom Ereignis]*)，见《海德格尔全集》(*Gesamtausgabe*)，第 65 卷，法兰克福，1989 年，第 339 页。

[108] 海德格尔：《从思想的经验而来》(*Aus der Erfahrung des Denkens*)，见《海德格尔全集》，第 13 卷，法兰克福，1983 年，第 209 页。

[109] 海德格尔：《在通向语言的途中》，第 37 页。

[110] 莱布尼茨:《自然与恩典的理性原则》(*Vernunftprinzipien der Natur und der Gnade*),汉堡,1956年,第2页。

[111] 海德格尔:《尼采》(*Nietzsche*),第2卷,普富林根,1961年,第449页。

[112] 莱布尼茨:《自然与恩典的理性原则》,第13页。

[113] 参阅海德格尔:《尼采》,第447页。

[114]《十牛图》,第63页。

[115]《碧岩录》,第1卷,第145页。

[116] 慧海:《顿悟入道要门论》(*Der Weg zur blitzartigen Erleuchtung*),见冯·穆拉尔特(R. v. Muralt)编《大乘佛教冥思录》(*Meditations-Sutras des Mahâyâna-Buddhismus*),第2卷,伯尔尼,1988年,第141页。

[117] 费希特:《人的使命》(*Die Bestimmung des Menschen*),福克斯(E. Fuchs)编,汉堡,1979年,第32页。

[118] 黑格尔:《自然哲学》(*Naturphilosophie*)第1卷《法哲学讲演录1819/1820》(*Die Vorlesung von 1819/20*),吉斯(M. Gies)编,那不勒斯,1982年,第66页。

[119] 黑格尔:《哲学全书》(*Enzyklopädie der philosophischen Wissenschaften im Grundrisse*),§351。

[120] 西谷启治(Keiji Nishitani):《花道》("Über Ikebana"),载《哲学年鉴》(*Philosophisches Jahrbuch*)(1991),第319页。

[121] 海德格尔:《存在与时间》,第198页。

[122]《海德格尔全集》第24卷《现象学之基本问题》(*Die Grundprobleme der Phänomenologie*),法兰克福,第2版,1989年,第329页及以下。

[123] 海德格尔:《存在与时间》,第 325 页。
[124] 同上书,第 330 页。
[125] 参阅西谷启治:《何为宗教?》(*Was ist Religion?*),法兰克福,第 2 版,1986 年,第 259 页。
[126] "你只意识到一种冲动,哦,另一种最好不要知道!在我的胸中,唉,住着两个灵魂……"原文为 "Du bist dir nur des einen Triebs bewußt, / O lerne nie den andern kennen! / Zwei Seelen wohnen, ach! in meiner Brust […]"(歌德:《浮士德》,第一部,第 1110~1112 行)。
[127] 辻村公一(Kooichi Tsujimura):《论玉涧〈远浦归帆〉》,载《京都学派的哲学》(*Die Philosophie der Kyôto-Schule. Texte und Einführung*),大桥良介(Ryôsuke Ohashi)主编,弗莱堡,1990 年,第 457 页。
[128] 同上书,第 460 页。
[129] 庄子:《南华经》(*Das wahre Buch vom südlichen Blütenland*),卫礼贤(R. Wilhelm)译,杜塞尔多夫/科隆,1969 年,第 52 页。
[130] 舞者除足部的滑动外,还有顿足的动作。
[131] 海德格尔:《面向思的事情》(*Zur Sache des Denkens*),图宾根,1969 年,第 41 页及以下。
[132] 松尾芭蕉:《奥之细道》,多姆布雷迪译自日文、评注并序,美因茨,1985 年,第 43 页。
[133] 同上书,第 42 页。
[134] 同上书,第 96~98 页。远东文化更关注流逝、变化,而非恒定和同一,因此喜欢用"风"(Wind)这一单词,比如"风景"(Landschaft)为"风之景观"(Ansicht des Windes)。在

这个意义上，Windschaft 或许比 Landschaft（"大地景观"）更准确。远东文化视域中的"风景"少了一份"大地"的坚实，多了一份流动与流逝的意象。

[135] 同上书，第 153~155 页。

[136] 西谷启治：《松尾芭蕉之"狂"》，载《京都学派的哲学》，弗莱堡，1990 年，第 278 页。

[137] 松尾芭蕉：《奥之细道》，第 51 页。

[138] 同上书，第 105 页。

[139] 永平道元：《正法眼藏随闻记》，第 168 页。

[140]《正法眼藏》，第 2 卷，第 120 页。

[141] 列维纳斯（E. Lévinas）：《他者的痕迹》（*Die Spur des Anderen*），弗莱堡/慕尼黑，1983 年，第 211 页。

[142] 同上书，第 215 页及以下。

[143]《旧约·创世记》，12: 4-5。

[144]《旧约·创世记》，12: 1-3。

[145]《旧约·创世记》，13: 14-18。

[146]《旧约·创世记》，15: 7-8。

[147] 参阅克尔凯郭尔（S. Kierkegaard）：《恐惧与战栗》（*Furcht und Zittern*），见《克尔凯郭尔全集》，第 4 卷，希尔施（E. Hirsch）译，杜塞尔多夫/科隆，1950 年，第 131 页及以下。

[148]《心猿：临济录》，第 118 页。

[149]《申辩篇》（*Apologie*），40c（施莱尔马赫[F. Schleiermacher]译）。

[150]《斐多篇》（*Phaidon*），80e。

[151]《斐多篇》，84b。

[152]《斐多篇》，246c。
[153]《斐多篇》，247e。
[154]《理想国》(*Politeia*)，398a。
[155]《理想国》，388e。
[156]《斐多篇》，81a。
[157]《十牛图》，第 117 页。
[158] 同上书，第 120 页。
[159] 同上书，第 116 页。
[160] 海德格尔：《否定性》(*Die Negativität*)，见《海德格尔全集》，第 68 卷，法兰克福，1993 年，第 24 页。
[161] 小林一茶 (Issa)：《父亲最后的日子》(*Die letzten Tage meines Vaters*)，多姆布雷迪译，美因茨，1985 年，第 111 页。
[162]《斐多篇》，83d。
[163]《斐多篇》，64a。
[164]《斐多篇》，80e。
[165]《斐多篇》，66e–67b。
[166]《斐多篇》，80d。
[167] 黑格尔：《宗教哲学讲演录 I》，第 175 页。
[168] 黑格尔：《精神现象学》(*Phänomenologie des Geistes*)，汉堡，1952 年，第 30 页。
[169] 费希特：《人的使命》，第 153 页。
[170] 同上书，第 154 页。
[171] 同上书，第 155 页。
[172] 海德格尔：《存在与时间》，第 262 页。
[173] 同上书，第 189 页。

[174] 同上书，第263页。

[175] 海德格尔:《时间概念史导论》(*Prolegomena zur Geschichte des Zeitbegriffs*)，见《海德格尔全集》，第20卷，法兰克福，1979年，第433页。

[176] 杜穆林:《禅宗史》，第2卷，第42页。

[177] 同上书，第51页。

[178] 小林一茶:《父亲最后的日子》，第123页。

[179]《碧岩录》，第1卷，第36页。

[180] 同上书，第104页。

[181] 海德格尔:《存在与时间》，第266页。

[182]《碧岩录》，第2卷，第159页。

[183] 埃克哈特大师:《文章与布道书》(*Schriften und Predigten*)，毕特纳（H. Büttner）编，第2卷，耶拿，1909年，第207页。

[184] 埃克哈特大师:《布道书》，第101页。

[185] 埃克哈特大师:《文章与布道书》，第207页。

[186] 埃克哈特大师:《布道书》，第101页。

[187] 同上书，第97页及以下。

[188] 同上书，第101页。

[189] 埃克哈特大师:《文章与布道书》，第206页及以下。

[190]《碧岩录》，第2卷，第191页。

[191] 同上书，第195页。

[192]《碧岩录》，第3卷，第55页及以下。

[193]《正法眼藏》，第1卷，第34页。

[194]《碧岩录》，第2卷，第164页。

[195] 参阅《碧岩录》，第3卷，第22页。

[196] 参阅《茶室禅语》(*Zen-Worte im Tee-Raume*)，宗亭赤司（Sôtei Akaji）注，博尔纳（H. Bohner）译，东京，1943 年，第 21 页。
[197] 黑格尔:《耶拿实在哲学 I》(*Jenenser Realphilosophie* I)，莱比锡，1932 年，第 226 页。
[198] 同上书，第 227 页。
[199] 同上书，第 229 页。
[200] 同上。
[201]《十牛图》，第 50 页。
[202] 同上书，第 126 页。
[203] 尼采:《曙光》(*Morgenröthe*)，见柯利（G. Colli）、蒙蒂纳里（M. Montinari）编《尼采全集（批判研究版）》(*Werke. Kritische Gesamtausgabe*)，第 1 卷，第 286 页。
[204]《十牛图》，第 122 页。
[205]《尼各马可伦理学》(*Nikomachische Ethik*)，1166a 29–32。
[206] 同上书，1166b 1–2。
[207]《欧德谟伦理学》(*Eudemische Ethik*)，1245a 35–38。
[208] 蒙田:《随笔集》(*Essais*)，施蒂勒特（H. Stilett）译，法兰克福，1998 年，第 104 页。
[209]《欧德谟伦理学》，1236a 14–15。
[210]《尼各马可伦理学》，1155b 27–29。
[211]《欧德谟伦理学》，1242a 40–1242b 1。
[212]《尼各马可伦理学》，1162a 7–9。
[213] 同上书，1169b 12。
[214] 永平道元:《正法眼藏随闻记》，第 103 页。
[215] 赫希格尔:《禅道》，第 91 页。

[216]《黄檗希运禅师传心法要》(*Die Dialoge des Huang Po mit seinen Schülern*),见冯·穆拉尔特(R. von Muralt)编《大乘佛教禅修经》(*Meditations-Sutras des Mahâyâna-Buddhismus*),第2卷,1988年,第77页。

[217] 叔本华:《作为意志与表象的世界》(*Die Welt als Wille und Vorstellung*),见冯·罗奈森(W. v. Löhneysen)编《叔本华全集》,第1卷,斯图加特/法兰克福,1960年,第507页。

[218] 同上。

[219] 叔本华:《论道德的基础》(*Über die Grundlage der Moral*),见冯·罗奈森(W. v. Löhneysen)编《叔本华全集》,第3卷,斯图加特/法兰克福,1962年。此处第740页。

[220] 同上书,第810页。

[221] 同上书,第508页。

[222] 同上书,第741页。

[223] 同上书,第744页。

[224] 布伯(M.Bubber):《人的问题》(*Das Problem des Menschen*),见《布伯著作集》,第1卷,慕尼黑,1962年。此处第406页。

[225] 同上书,第405页。

[226] 同上书,第406页。

[227] 布伯:《我和你》(*Ich und Du*),见《布伯著作集》,第1卷,慕尼黑,1962年。此处第83页。

[228] 同上书,第130页。

[229] 同上书,第89页。

[230] 同上书,第80页及以下。

[231] 同上书,第 81 页。
[232] 同上书,第 128 页。
[233] 同上书,第 146 页。
[234] 布伯:《对话》(Zwiesprache),见《布伯著作集》,第 1 卷,慕尼黑,1962 年,第 188 页。
[235] 同上书,第 156 页。
[236] 同上书,第 88 页及以下。
[237] 同上书,第 82 页。
[238] 同上书,第 140 页。
[239] 同上书,第 141 页。
[240] 小林一茶:《父亲最后的日子》,第 98 页。
[241] 金婆罗(Ficus glomerata,无花果树的一种)之花。
[242] 即破除面部的僵滞。
[243]《正法眼藏》,第 3 卷,第 247 页及以下。
[244] 同上书,第 3 卷,第 250 页。

附录一　人物、文献词典

埃克哈特大师（1260—1328）

中世纪哲学家、神秘主义者，多明我会修士。出生于霍赫海姆（今德国图林根地区），又名"霍赫海姆的埃克哈特"（Eckhardt von Hochheim）。一生写作大量布道书，对德语词汇的丰富、德语哲学表述能力的提升厥功至伟。深受新柏拉图主义传统的影响，倡导日常生活中的灵修实践，晚年被控为异端，在阿维尼翁的教皇法庭做出正式裁决前辞世。

安格鲁斯·西勒修斯（1624—1677）

原名约翰内斯·舍弗勒（Johannes Scheffler），17世纪诗人、神学家。生于西里西亚，由新教改宗天主教后自名"西里西亚的天使"（Angelus Silesius）。有大量宗教诗歌传世，其中以亚历山大体创作的诗集《智天使的漫游者》（*Cherubinischer Wandersmann*, 1657）最为著名。

《奥之细道》

日本俳人松尾芭蕉的游记、俳句集。1689 年（元禄二年），芭蕉与弟子河合曾良结伴，从江户出发，历经奥州、北陆道等地再回到江户，探访散落在东北各地的名胜古迹，整个行程约 600 里（1 里为 533.5 米左右）。此行的最主要目的在于纪念西行（日本平安时代富有传奇色彩的"歌僧"，开日本隐逸文学先河，23 岁时抛妻舍子，出家隐遁，在隐居草庵及云游修行中度过 50 载）逝世 500 周年。

《碧岩录》

全称《佛果圆悟禅师碧岩录》，宋代禅师圆悟克勤编，收录禅宗公案百则。禅宗由初祖菩提达摩的"直指人心，不立文字"，经唐、五代的"临机对答，应机施教"，至宋代渐入"参公案、逗机锋"的灯录阶段，即以前人悟道参学的问答为镜鉴，揣摩含义，剖玄析微。《碧岩录》在灯录基础上更推进一步，在公案前加垂示，在公案后加评唱，禅宗至此由不立文字过渡到大立文字的"文字禅"。

长庆大安（793—883）

唐朝沩仰宗僧人。福建福州人，俗姓陈，别号紫林懒安。主张"自信即佛，法不他求"。曾从学于洪州（今江西南昌）百丈怀海禅师，后与弟子前往沩山（今湖南宁乡），与灵佑禅师同住沩山 30 余年。唐宣宗大中五年（851），灵佑退居同庆寺，懒安出任沩山第二任住持，后赴福州长庆寺（即福州西禅寺）任主持，史称"长庆大安"。

道吾圆智（769—835）

唐代僧人，豫章海昏人，药山惟俨禅师法嗣。

道元禅师（1200—1253）

日本镰仓时代著名禅师，日本曹洞宗始祖。贞应二年（1223）渡海至中国南宋学习佛法，在天童寺长翁如净（1163—1228）门下开悟。回日本后创立永平寺（福井县），提倡曹洞宗默照禅法和"只管打坐"的修行法门。著有论说日本曹洞禅的《正法眼藏》，以汉文书写，原定100卷，示寂时完成87卷。

洞山良价（807—869）

晚唐禅宗大师，曹洞宗创始人。俗姓俞，会稽诸暨人，于江西洞山传法，被称为"洞山大师"。圆寂于唐咸通十年（869），其浮屠塔名慧觉，以此又称"慧觉大师"。著有《宝镜三昧歌》《玄中铭》《洞山语录》等。

黄山谷（1045—1105）

即北宋诗人、书法家黄庭坚，号"山谷道人"，笃信佛教，亦慕道教。

河合曾良（1649—1710）

日本江户时代俳人，松尾芭蕉弟子，"蕉门十哲"之一。曾与芭蕉一同游历奥州和北陆，即"奥之细道"之旅。

晦堂祖心（1025—1100）

即隆兴府（今江西南昌）黄龙祖心宝觉禅师。宋代僧人，号晦堂，法嗣临济宗黄龙派黄龙慧南禅师。

渐源仲兴

生卒年、籍贯不详。唐代青原系（由惠能得意弟子行思开创）禅僧，在道吾圆智门下开悟。

临济宗

禅宗南宗五个主要流派之一，始于唐朝临济义玄（？—867）禅师，祖庭为镇州（今河北正定）滹沱河畔临济寺。禅风刚劲，弘扬"般若为本、以空摄有、空有相融"的禅法。后世有"临济将军，曹洞士民"之语。

牧溪（1210？—1270？）

宋末元初禅僧、画家。俗姓李，法名法常，号牧溪，四川人。对日本绘画影响最大的中国画家之一，主要画作有《潇湘八景图》《观音猿鹤图》《柳燕图》等。

南泉普愿（748—834）

唐代著名禅师，洪州宗马祖道一法嗣。唐德宗贞元十一年（795）至池阳（今安徽池州）南泉山，专心禅观30年。后受请下山教授门徒，其弟子有赵州从谂、西堂智藏、长沙景岑等17人，声名远播，时人尊称"南泉古佛"。南泉虽未自立宗派，但继承了马祖道一"平常心是道"的思想，并开启临济宗棒喝之学风，对后世禅宗影响深远。

能剧

日本独有的一种舞台艺术，为佩戴面具（能面）演出的歌舞剧，初创于镰仓时代后期室町时代初期。由舞蹈（舞）、唱念（谣）和奏乐（囃子）构成。能舞使用"折足"的技艺，足底紧贴舞台面，不举起脚踝而运步；谣即戏曲的词章、科白；囃子使用的乐器有笛（能管）、小鼓、大鼓（也称大皮）以及太鼓（缔太鼓）。

三浦樗良（1729—1780）

日本江户中期俳人。早期俳风接近伊势流派，后逐渐形成自己风格，晚年入佛门，法号"玄仲"。

《十牛图》

禅宗修行的图示，起源于宋代。以牧童喻修行者，以牛喻心，通常由颂与图组成，颂有时包含一则短序。流传较广的有廓庵、普明两位禅师的版本。廓庵版为《寻牛》《见迹》《见牛》《得牛》《牧牛》《骑牛归家》《忘牛存人》《人牛俱忘》《返本还源》《入鄽垂手》，普明版为《未牧》《初调》《受制》《回首》《驯伏》《无碍》《任运》《相忘》《独照》《双泯》。两者都不以人驯服牛为目标，而是追求"人牛俱忘""双泯"的境界。日本学者、荣格研究者河合隼雄认为《十牛图》类似西方心灵炼金术中《哲人的玫瑰园》(Rosarium Philosophorum)，其中牧童象征意识或自我（ego），牛象征无意识或自性（Self）。

松尾芭蕉（1644—1694）

日本江户时代前期俳谐师，以俳谐连歌著称，开"空寂""风流"美学之先,被尊为"俳圣"。生于伊贺国上野(近京都),低级武士之子,最初为当地领主藤堂良忠的侍童。18岁成名,20岁出版第一部俳谐诗集,一生酷爱徒步旅行,作《旷野纪行》《鹿岛纪行》《奥之细道》等游记。芭蕉早期取俳号"桃青",以对偶的方式表示对诗仙李白的尊崇。延宝九年(1681),因弟子赠芭蕉树一棵,植于其隐居的庭园内,遂改俳号为"芭蕉"。

沩山灵祐(771—853)

唐代禅宗大师,沩仰宗开创者。俗姓赵,谥号大圆禅师,福州长溪(今福建宁德)人。15岁出家,23岁至洪州拜谒百丈怀海禅师,成为其首座弟子。唐宪宗元和年间至潭州大沩山住持同庆寺,会昌法难之际还俗隐于市井之间。大中元年(847),朝廷颁布复教令后再度剃发出家,回到同庆寺为僧俗说法。大中七年(853)示寂,其塔后迁至山右栀子园中,匾额为李商隐题写。

《无门关》

全称《禅宗无门关》,宋代无门慧开禅师撰、参学弟子宗绍编的一部禅宗经典。根据绍定元年(1228)夏慧开于东嘉(今浙江温州)龙翔寺应邀为僧众拈提佛祖机缘时的记录整理而成,同年十二月刊行,共收录禅宗公案48则。淳祐五年(1245)重刊,次年西湖安晚居士又增添了第49则。收入《大正藏》第48册,在禅林中流布甚广,临济宗对其尤为重视。

西谷启治(1900—1990)

日本哲学家,海德格尔弟子,京都学派成员。致力于从根本上结合东方思想与西方哲学，对亚里士多德、奥古斯丁、笛卡尔、康德、黑格尔、谢林、尼采、海德格尔等人的哲学思想有绵密深透的研究。著有《根源的主体性哲学》(1940)、《神与绝对无》(1948)、《何谓宗教》(1962)等。

小林一茶（1763—1827）

日本著名俳句诗人。本名弥太郎，出生于信浓国水内郡柏原村（今长野县）。15岁开始学习俳谐，25岁时投二六庵竹阿门下并成为传其衣钵的弟子，29岁时改号为"俳谐寺一茶"。著有《病日记》《我春集》《七番日记》《我之春》等。

《潇湘八景图》

南宋牧溪画作，分别为《远浦归帆》《平沙落雁》《烟寺晚钟》《渔村夕照》《山市晴岚》《江天暮雪》《洞庭秋月》《潇湘夜雨》。随中日禅僧的交流传入日本，曾为室町幕府的足利义满将军收藏。幕府衰落后八景散落各地，如今只存四景即《远浦归帆》《烟寺晚钟》《渔村夕照》《平沙落雁》，另有二景《江天暮雪》《洞庭秋月》传为牧溪所绘。

玉涧

生卒年不详，宋末元初画僧，善"禅画"。宋末元初画坛中以"玉涧"为名号的僧人有莹玉涧、若芬玉涧、彬玉涧三人。有关彬玉涧的文献极少；根据《图绘宝鉴》记载，莹玉涧为西湖净慈寺禅僧，师惠崇画山水；而根据《松斋梅谱》的记载，若芬玉涧为金华曹氏子，天台宗僧人，曾任天竺寺书记，善画云山。学界一般认为若芬玉涧是《庐山图》《庐山瀑布图》《潇湘八景图》（现仅余三幅）等传世名作的作者。

与谢芜村（1716—1784）

日本江户时代中期俳人、画家，俳号除"芜村"外，还有"宰鸟""夜半亭（二世）"。27岁时因仰慕俳圣松尾芭蕉而追随其足迹游历日本东北一带，42岁时定居京都。画作有《山水图》《十便十宜图》《奥之细道图卷》等。

圆悟克勤（1063—1135）

宋代高僧，临济宗杨岐派禅师。彭州崇宁（四川成都）人，嗣法五祖法演。宋徽宗敕封佛果大师，宋高宗敕封圆悟大师，故其所编《碧岩录》又称《佛果圆悟禅师碧岩录》。

岳山禅师（677—744）

即南岳怀让禅师，唐代禅宗高僧，为六祖惠能门下。俗姓杜，金州安康（今陕西安康）人。武则天天授二年（691）出家，经嵩山慧安大师指点，抵曹溪晋谒六祖惠能大师并在其身边侍奉15年之久，后移居南岳衡山观音台。门下弟子有道峻、神照、马祖道一等。道一后于洪州弘传怀让宗旨，道一弟子又创临济宗、沩仰宗两大宗派。

云门宗

禅宗流派之一，盛于北宋，由文偃禅师（864—949）开宗，祖庭为韶州（今广东韶关）云门山光泰禅寺。其禅风被称为云门三句：

"函盖乾坤""截断众流""随波逐浪"。

赵州从谂（778—897）

唐代禅师，洪州宗传人。俗姓郝，幼年出家，18岁时参南泉普愿禅师，在其门下20余年，以"平常心是道"开悟心地。后游历四方，80岁时受请住赵州城东观音院，名动一时，时人尊其为"赵州古佛"。从谂重视在日常生活中的修行，善以日常事物为教学手段，留下许多著名公案。因常以"吃茶去"接引学人而有"赵州茶"之称，这也启发了后世的日本茶道。

《正法眼藏》

出自宋代临济宗杨岐派禅师大慧宗杲（1089—1163），是对高僧机缘法语加以拈提的汇集，收录问答约659则。绍兴十一年（1141），宗杲因张九成案牵连被逐衡阳，一向谢绝宾客，但对禅僧的请益并不拒绝，常以前人的机缘法语指示学人开悟。冲密、慧然两位弟子将对谈一一辑录，六年后汇成一书，宗杲题名《正法眼藏》，以此语表示所拈提的内容基本体现了禅的清净法眼。

正冈子规（1867—1902）

日本俳人，明治时代文学宗匠。本名常规，子规是其患肺结核咳血后以啼血的杜鹃自比的别号。作品涵盖俳句、短歌、新体诗、小说、评论、随笔等体裁。早期作品有小说《月亮的都城》《花枕》《曼珠沙华》等，病情加重后写下记录临终前身心状况的《病床六尺》和日记《仰卧漫录》。正冈子规还是日本引入棒球之初最狂热的选手，其棒球生涯直到1889年出现咳血时结束。

附录二　韩炳哲著作年谱

Heideggers Herz. Zum Begriff der Stimmung bei Martin Heidegger.
Wilhelm Fink, Paderborn 1996.
《海德格尔之心：论马丁·海德格尔的情绪概念》

Todesarten. Philosophische Untersuchungen zum Tod.
Wilhelm Fink, Paderborn 1998.
《死亡模式：对死亡的哲学研究》

Martin Heidegger. Eine Einführung.
UTB, Stuttgart 1999.
《马丁·海德格尔导论》

Tod und Alterität.
Wilhelm Fink, Paderborn 2002.
《死亡与变化》

Philosophie des Zen-Buddhismus.
Reclam, Stuttgart 2002.
《禅宗哲学》(陈曦译，中信出版社，2023 年)

Hyperkulturalität. Kultur und Globalisierung.
Merve, Berlin 2005.
《超文化：文化与全球化》(关玉红译，中信出版社，2023 年)

Was ist Macht?
Reclam, Stuttgart 2005.
《什么是权力？》(王一力译，中信出版社，2023 年)

Hegel und die Macht. Ein Versuch über die Freundlichkeit.
Wilhelm Fink, Paderborn 2005.
《黑格尔与权力：通过友善的尝试》

Gute Unterhaltung. Eine Dekonstruktion der abendländischen Passionsgeschichte.
Vorwerk 8, Berlin 2006; Matthes & Seitz, Berlin 2017.
《娱乐何为：西方受难史之解构》(关玉红译，中信出版社，2019 年)

Abwesen. Zur Kultur und Philosophie des Fernen Ostens.
Merve, Berlin 2007.
《不在场：东亚文化与哲学》(吴琼译，中信出版社，2023 年)

Duft der Zeit. Ein philosophischer Essay zur Kunst des Verweilens.
Transcript, Bielefeld 2009; 2015.
《时间的香气：驻留的艺术》(吴琼译，中信出版社，2023 年，即将出版)

Müdigkeitsgesellschaft.
Matthes & Seitz, Berlin 2010; 2016.
《倦怠社会》(王一力译,中信出版社,2019年)

Shanzhai. Dekonstruktion auf Chinesisch.
Merve, Berlin 2011.
《山寨:中国式解构》(程巍译,中信出版社,2023年)

Topologie der Gewalt.
Matthes & Seitz, Berlin 2011.
《暴力拓扑学》(安尼、马琰译,中信出版社,2019年)

Transparenzgesellschaft.
Matthes & Seitz, Berlin 2012.
《透明社会》(吴琼译,中信出版社,2019年)

Agonie des Eros.
Matthes & Seitz, Berlin 2012.
《爱欲之死》(宋娀译,中信出版社,2019年)

Bitte Augen schließen. Auf der Suche nach einer anderen Zeit.
Matthes & Seitz, Berlin 2013.
《请闭上眼睛:寻找另一个时代》

Im Schwarm. Ansichten des Digitalen.
Matthes & Seitz, Berlin 2013.
《在群中:数字景观》(程巍译,中信出版社,2019年)

Digitale Rationalität und das Ende des kommunikativen Handelns.
Matthes & Seitz, Berlin 2013.
《数字理性和交往行为的终结》

Psychopolitik: Neoliberalismus und die neuen Machttechniken.
S. Fischer, Frankfurt 2014.
《精神政治学：新自由主义与新权力技术》(关玉红译，中信出版社，2019年)

Die Errettung des Schönen.
S. Fischer, Frankfurt 2015.
《美的救赎》(关玉红译，中信出版社，2019年)

Die Austreibung des Anderen: Gesellschaft, Wahrnehmung und Kommunikation heute.
S. Fischer, Berlin 2016.
《他者的消失：现代社会、感知与交际》(吴琼译，中信出版社，2019年)

Close-Up in Unschärfe. Bericht über einige Glückserfahrungen.
Merve, Berlin 2016.
《模糊中的特写：幸福经验报告》

Lob der Erde. Eine Reise in den Garten.
Ullstein, Berlin 2018.
《大地颂歌：花园之旅》(关玉红译，孙英宝插图，中信出版社，2023年，即将出版)

Vom Verschwinden der Rituale. Eine Topologie der Gegenwart.
Ullstein, Berlin 2019.
《仪式的消失：当下的世界》（安尼译，中信出版社，2023年）

Kapitalismus und Todestrieb. Essays und Gespräche.
Matthes & Seitz, Berlin 2019.
《资本主义与死亡驱力》（李明瑶译，中信出版社，2023年）

Palliativgesellschaft. Schmerz heute.
Matthes & Seitz, Berlin 2020.
《妥协社会：今日之痛》（吴琼译，中信出版社，2023年）

Undinge: Umbrüche der Lebenswelt.
Ullstein, Berlin 2021.
《非物：生活世界的变革》（谢晓川译，东方出版中心，2023年）

Infokratie. Digitalisierung und die Krise der Demokratie.
Matthes & Seitz, Berlin 2021.
《信息统治：数字化与民主危机》

Vita contemplativa: oder von der Untätigkeit.
Ullstein, Berlin 2022.
《沉思的生活，或无所事事》（陈曦译，中信出版社，2023年）

Die Krise der Narration.
Matthes & Seitz, Berlin 2023.
《叙事的危机》（李明瑶译，中信出版社，2023年，即将出版）